国際協力ってなんだ？

つながりを創るJICA職員の仕事

大河原誠也 編
Okawara Seiya

★——ちくまプリマー新書
483

目次 * Contents

はじめに

国際社会と日本——世界を織り成す、見えない縦と横の糸

「国際協力」と聞いて、みなさんはどのようなイメージをもつでしょうか。遠く離れたところに住む知らない人たちに、善意で何かを「してあげる」こと？　もしそうなら、日本で暮らす自分にとっては、縁のない話だと感じるかもしれません。

しかしながらよく考えてみると、いま目の前にある私たちの暮らしは、普段は目に入らない世界との関係性によって成り立っていることに気づきます。夜に近所のコンビニエンスストアに行けば、電気は明るく、たくさんの食品が並んでいて、レジには海外から来たアルバイトの方がいます。日本は、エネルギーの源や食糧の多くを他国からの輸入に頼っており、少子高齢化が進むなかで海外からの人の移動も進んでいます。二〇一九年に発生した新型コロナウイルス感染症の流行のように、世界のどこかで起こった事象によって、日本に住む私たちの生活や行動様式が一変してしまうこともあります。世

界の国々・世界中に暮らす人たちとの間の地理的・空間的な関係性――「横の糸」で複雑に結びついた社会で、現代の私たちは生きているのです。

そのとき、これらの関係性から離れ、自立性を高めていくというのも、重要な考え方のひとつでしょう。しかしながら、そのような考えを突き詰めて、完全に自分たちだけの世界に閉じていくことは困難です。これに対し、お互いの存在を認めながら、文化や価値観、考えの異なる人たちと豊かさを分かちあうという考え方もあります。国際協力とは、後者の立場で行われるものです。世界に溢《あふ》れる地理的・空間的な関係性を認識したうえで、お互いに協力することを積極的に選択し、それに取り組んでいく。そうしてこの「横の糸」を維持・発展させていくことが、国際協力のひとつの役割です。

そして、私たちの暮らしは、見えない「縦の糸」――歴史的な関係性でも結ばれています。日本史・世界史の教科書の最新のページは、今もなお更新されつづけているのです。幕末、フランスに交渉に向かう途中でエジプトに立ち寄り、スフィンクスの前で記念撮影をしたサムライの使節団（池田使節団）は、エジプトで鉄道に乗り、日本より進んだ近代の文明に驚いたといわれています（鈴木明『維新前夜』）。その写真は、まるで日本が世界に学びながら近代化へと歩みはじめることを象徴する一枚のようです。

そのおよそ一〇〇年後、戦後日本の高度経済成長を支えた東海道新幹線、東名・名神高速道路、黒部《くろべ》ダムといった経済インフラの整備は、世界銀行からの融資、すなわち国際社会からの支援を受けて実現しました。一方、日本も一九五四年に戦後賠償と並行して近隣のアジア諸国に対して日本の政府開発援助（ＯＤＡ）を始めましたが、今やその対象は世界中のおよそ一五〇の国・地域にまで広がっています。

この意味で、国際協力には、現在の世界につながる歴史的な関係性を認識したうえで、過去から学び、今を生きる私たちがより良い未来に向けてバトンを受け渡していく、つまり「縦の糸」を継承していく役目があると考えられます。

今こそ、国際協力！

近年、私たちは複合的な危機の時代に突入した、と表現されます。気候変動、感染症、エネルギー・食糧・水不足などの影響が世界のいたるところで同時に現れています。国際社会では、「力」の大きな国々がぶつかり合い、国際社会のルールや秩序は揺らぎ、その影響でさらなる対立が生まれ、残念ながら紛争は絶えることはありません。二〇三〇年を節目とする「持続可能な開発目標（ＳＤＧｓ）」は、さまざまな主体がパートナーシップのもとに役割を発揮していく未来志向のビジョンですが、ＳＤＧｓの達成に向けた進捗はかならずしも順調ではありません。

こうした状況において、国際協力にはどのようなことが期待されているのでしょうか。複合的な危機に直面する今だからこそ、「縦の糸」と「横の糸」が織り成す国際社会において、分断を乗り越え、協力する社会を未来に向けて実現していくために、まさに国際協力の真価が問われているといえるのではないかと思います。

ＪＩＣＡの役割は「国創り」

ここから、ＪＩＣＡ――その名も「国際協力機構」の仕事の全体像を紹介していきましょう。

ＪＩＣＡの仕事を一言で表すと、「ＯＤＡ（政府開発援助）による開発途上国の国創り」です。

ＯＤＡには国際的に定められる正確な要件・定義がありますが、簡単にいえば、公的な資金で国際協力を行うことを指します。すなわちＪＩＣＡは、日本政府の予算（税負担によらない「財政投融資」を含む）を活用して、政府系機関として仕事をしているということです。

「国創り」は非常に意味の広がりのある言葉ですが、開発途上国が目指す姿、掲げる政策的なビジョンや目標をふまえ、これを実現していくための営みに、一緒に取り組んでいくことを指しています。あくまで開発途上国の政府・人たちが主体であることを大切にした表現です。

ＪＩＣＡという組織の目的は、「独立行政法人国際協力機構法」という法律で決まっています。具体的には、「開発途上にある海外の地域（開発途上地域）の経済及び社会の開発若しくは復興又は経済の安定に寄与することを通じて、国際協力の促進並びに我が国及び国際経済社会の健全な発展に資することを目的とする」（第三条）と書かれています。これはどのような意味でしょうか。もう少しくわしく見ていきたいと思います。

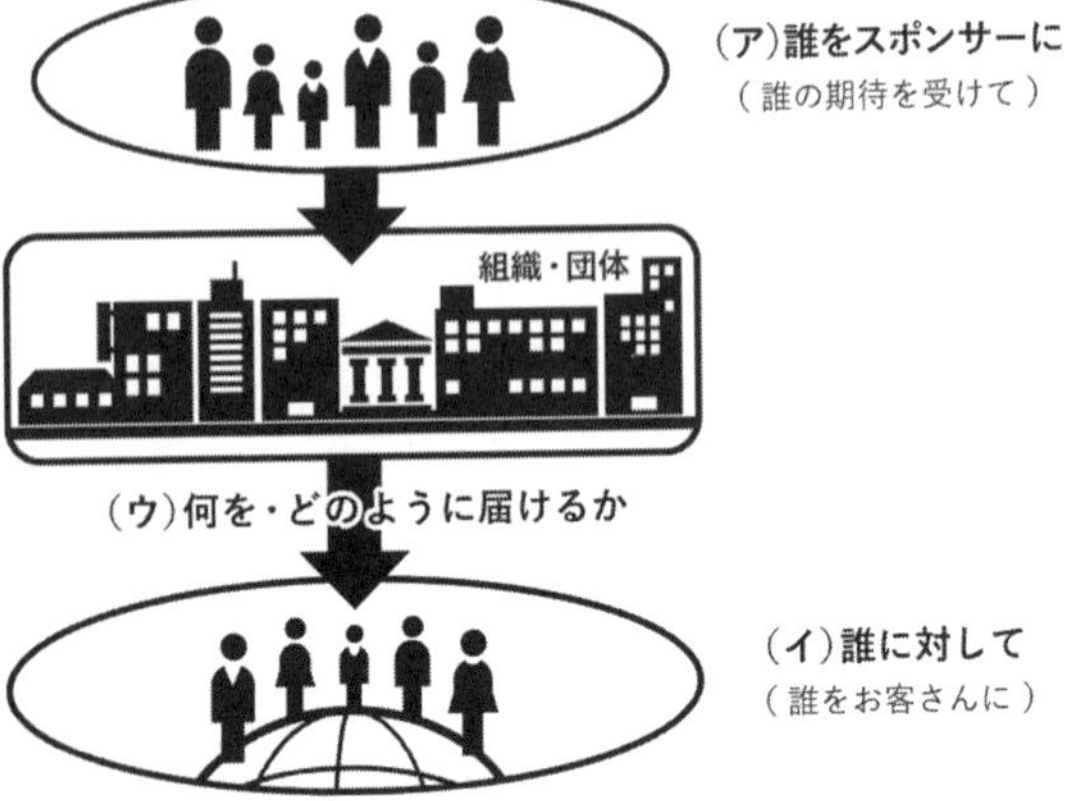

国際協力に携わる団体を見る三つの視点。

国際協力のさまざまな担い手

国際協力は、ＪＩＣＡだけの仕事ではありません。国際機関やＮＧＯ、外務省をはじめとする日本政府、開発コンサルティング企業、地方自治体、大学・研究機関、民間企業、そして市民、さまざまな主体がそれぞれの立場で役割を発揮し、国際協力を担っています。

それでは、国際協力に携わるさまざまな組織や団体を、(ア) 誰をスポンサーに（誰の期待を受けて）、(イ) 誰に対して（誰をお客さんに）、(ウ) 何を・どのように届けるか、の三つの視点から比べてみましょう。

まず、「(ア) 誰をスポンサーに（誰の期待を受けて）」から始めます。民間の株式会社であれば、ビジネスで利益を上げ、スポンサー（出資者）である株主に還元することが期待されています。外務省やＪＩＣＡの場合、共通して日本・日本国民がスポンサーに該当します。日本のＯＤＡ政策を示す「開発協力大綱」には、日本と日本国民の「平和・安全や経済成長を通じた繁栄といった日本の国益の実現に貢献すること」と、「平和で安定し、繁栄した国際社会の形成に積極的に貢献すること」の両方が目的として謳《うた》われています。たとえば、開発途上国で港の建設事業に協力する場合に期待できることとして、建設工事を日本企業が受注する、完成した港で日本企業がビジネスを拡大するといった、経済的な利益がまず考えられます。さらに、相手の国と日本の関係が良くなれば、中長期的に日本の安全保障にもつながるかもしれません。そして、後者の国際社会への貢献については、人々の生命や尊厳を守る「人間の安全保障」といった理念を大切にしながら、国際社会の一員である「日本として」の貢献を果たすことが期待されているといえるでしょう。

これに対し、世界銀行（World Bank Group）や国連開発計画（UNDP）、国連難民高等弁務官事務所（UNHCR）、国連児童基金（UNICEF）といった国際機関は、主に国家の集まりである国際連合（国連）によって設置されるもので、「国際社会」全体の期待を受けて活動しているといえます。また、ＮＧＯはNon-Governmental Organization の名の通り、国家という枠組みに捉われず、その活動を支持する市民によって成り立っています。

次に、「(イ) 誰に対して（誰をお客さんに）」です。ＪＩＣＡにとっての「お客さん」は、開発途上国に暮らす人たちが中心です。同じ公的な立場でも、外務省は日本を代表して、開発途上国に限らず世界のさまざまな国々を相手とします。

また、民間企業は、「市場」でお金を払う人・払える人をお客さんとして、商売の成立する領域で活動します。一方、ＪＩＣＡなどの公的な機関は、かならずしも採算のとれない領域、たとえば教育、保健医療、基礎インフラといった「公共」領域に携わる人たち、つまり開発途上国政府や政府関係機関、さらにはこれらのサービスを受ける一般の人たちも活動の対象とします。

最後に、「(ウ) 何を・どのように届けるか」です。外務省は行政機関として、国際的な交渉や合意（条約）、政策（予算）といった大きな枠組みを取り扱うのに対し、ＪＩＣ

Ａは開発途上国（主に政府）からの要請にもとづき、具体的なプログラム・プロジェクトを計画し、実施・監理する立場にあります。そして、開発途上国におけるプロジェクトの現場では、自ら直接協力を届けるＮＧＯ・ボランティアや、ＪＩＣＡや現地政府などと契約を結んでプロジェクトの計画段階で調査をしたり、実施段階で専門家となって技術や知見を伝えたりする開発コンサルティング企業が活躍しています。

「つながり」を想像し、創造するＪＩＣＡの仕事

これまで見てきたように、ＪＩＣＡは、開発途上国の人たちと協力を推進するために、政策と現場、日本と開発途上国、公共と民間の「間」にある存在であるといえます。ＪＩＣＡが行っているのは、こうした立場・役割をふまえ、その特有の強みを活《い》かし、世界にさまざまな「つながり」を想像し、創造する仕事だと表すことができるでしょう。

ＪＩＣＡがつくる「つながり」には、三つの切り口があります。

一つめは、国・地域です。ＪＩＣＡは約一五〇の国・地域との「つながり」を持っているため、日本との二国間の関係はもちろんですが、三角協力といって、開発途上国ど

うしの学び合いの場を創ることも可能です。

この点でJICAの大きな強みとなるのが、開発途上国とのネットワークです。JICAは世界の九六カ所に在外拠点（事務所・支所）を持っており、各拠点には日本人だけではなく、ナショナルスタッフとよばれる現地スタッフが働いています。世界各国にある在外拠点が、ナショナルスタッフと共に、それぞれの国の将来のための協力について開発途上国の政府・人たちと一緒に考え、一緒に汗をかきながら国際協力を実践してきました。こうした長年の積み重ねが、その国の未来を創っていく人たちとの生きた「つながり」となり、パートナーとしての信頼を構築し、何よりの財産となっています。

加えて、日本各地にあるJICAの一五の国内拠点も忘れてはなりません。開発途上国のリーダー候補生といえる約六八万名（一九五四〜二〇二二年累計）を研修員として日本に招き、日本国内のさまざまな現場で直接触れて学んだ知見を自国に持ち帰ってもらっています。国内の現場で生まれるさまざまな人と人の「つながり」も、JICAが取り組む国際協力の大きな財産です。

二つめは、分野課題です。JICAは二〇二一年、グローバル・アジェンダという二

○の課題別事業戦略を作成しました。都市・地域開発、資源・エネルギー、教育、保健医療、農業・村落開発、平和構築、自然環境保全といった分野に限らず、気候変動、デジタル・トランスフォーメーション（DX）、ジェンダー平等と女性のエンパワメント、スポーツと開発といった分野も含まれています。開発途上国における社会課題は多くの場合、さまざまな分野が結びつき、相互に複雑に関連していることが多いため、あらゆる分野課題を扱うJICAはこれらの間の「つながり」を意識しながら取り組むことができます。

三つめは、アプローチです。JICAには、協力を届けるための手法（スキーム）が数多くあります。人と人の往来・交流を通じて技術や知見を伝える技術協力事業やボランティア事業をはじめ、お金を通じた資金面での協力（返済を求める「有償資金協力」や、贈与を行う「無償資金協力」）、さらには民間企業のビジネス（技術やサービス）の展開を通じて社会課題解決に一緒に取り組んでいく民間連携事業といった複数の手法を持ちあわせています。現地の多種多様なニーズに対して、これらの手法を柔軟に組みあわせながらベストな協力のアプローチを考え、オーダーメイドで届けることができることも、

ＪＩＣＡの大きな特徴です。

ＪＩＣＡは、これら三つの切り口、つまり地域、分野課題、アプローチを縦横無尽に活用し、プログラム・プロジェクトというメカニズム（器）を通じて「つながり」を想像し、創造することで、「協力すること」を実現しています。ダイナミックに変容する世界・社会の要請に柔軟に応えるためには、単純で一面的な切り口で捉えられるものは決して多くありません。これまで蓄積してきたもの、これから発展するものを構想し、「つなぎ」あわせていくことで、世の中に新たな社会価値を届けていくということが、ＪＩＣＡの仕事の醍醐味《だいごみ》であるといえます。そして、その「つながり」をつくり、「協力すること」を現実にしているのは、一人ひとりの職員に他なりません。

ＪＩＣＡ職員はプロデューサー

ここまでは組織全体としてのＪＩＣＡの仕事についてお話ししてきました。ここからは、ＪＩＣＡ職員個人の仕事にスポットライトを当てたいと思います。

ＪＩＣＡは二〇一七年に、組織の指針を改めるための取り組みを行いました。結果として誕生したのが「信頼で世界をつなぐ」というビジョンです。ＪＩＣＡは社会のために「信頼で世界をつなぐ」存在でありたいと願う――それを体現するのが、ＪＩＣＡの職員一人ひとりの仕事、そして姿勢でなければなりません。

ＪＩＣＡ職員の仕事は、いわゆる「プロジェクト・マネジメント」――戦略策定↓プロジェクトの発掘・形成↓実施・監理↓評価からなる一連のプロジェクトサイクルを、開発途上国の人たちと共に推進すること――です。これを一言で、開発途上国における社会課題解決の「プロデューサー」と表すことがあります。

もう少し鮮明にイメージするために、演劇の舞台を思い浮かべてみてください。舞台上には役者がいて、席には観客がいます。このときＪＩＣＡ職員はどこにいるかというと、じつは舞台裏で脚本を書き、演劇の様子を見守っています。開発途上国に暮らす人たち（＝観客）に喜んでもらうために（つまり、社会課題の解決や、社会的な価値・インパクトの創出のために）、どのような筋書きが必要なのか。さまざまな専門性・強みをもつ専門家やコンサルタント・ボランティア・ＮＧＯ・民間企業の人たち（＝役者）に、適材適所でどのように活躍してもらうのか。両方の視点から、観客のことも役者のことも理解し、よりよい脚本を書きあげ、舞台を実際に観客に届けることが求められています。こうして書かれる脚本こそが、ＪＩＣＡ職員が「つながり」を生む場として設計する国際協力のプロジェクトであり、「人と協力すること」が生まれるメカニズム（器）なのです。

共に新たなゴールを描く

ところが、人と人、国家と国家が同じ空間にあるとき、その関係がいつも円満なものであるとは限りません。文化や価値観、考え方の異なるものどうしでは、協力するときもあれば、争うときもあります。それが国際社会で起きていることです。

先ほどの演劇の舞台ですが、ここで劇場の支配人（オーナー）が登場します。どうやら「五〇年間も劇場を運営してきた自分のほうが、お客さんのことをわかっている。外から来た人にこの劇場の伝統はわかるはずはない」「大事なのは即座にチケットが売れること！　欲をいえば、値上げできるほど魅力的な内容にしてもらえないか」「自分たちのお抱えの劇団員では能力も知名度も足りない。外から有名な役者を連れてきてほしい」と言っている様子です。あなたは「プロデューサー」として、どのようなことを考え、この状況にどう向きあうでしょうか。

このとき、舞台の結果に責任を負い、劇場をこれからも運営していくのは、劇場の支配人（＝開発途上国の政府などのプロジェクトのオーナー、つまり「実施機関」）です。プロデューサー（＝ＪＩＣＡ職員）は、あくまで外からやってきて、舞台の成功のために今回協力する立場にすぎません。支配人の意見に寄り添い尊重することを第一に、をモットーとしていますが、自分たちにも守るべきポリシーや決まりごとがあります。しかも、もしかすると、支配人の信じるやり方では将来の劇場のためにならないかもしれません。

こんなとき、自分たちの考え方が正しいか、相手の考え方が正しいかの二項対立ではなく、その先に、共に新たなゴールを描き、共に取り組んでいく。それが、国際協力の考え方です。本当に相手のためを想《おも》うなら、「今までやっていなかったジャンルに一緒に挑戦することで、はじめはお客さんが少なくても、だんだんと噂《うわさ》が広がり、これまでより幅広い年齢層の人たちに長く愛される劇場になるのでは？」「今回は実現できたとしても、いつまでも外から役者を連れてはこられないので、そちらの劇団員が成長できるように、今回実践しながら一緒に練習する時間をとりましょう」といった提案をするのがいいかもしれません。こうして、相手を尊重しながらも真剣に議論し、よりよい脚本をつくりあげていくのです。

国際協力のプロジェクトの立ち上げにあたって、お互いが掲げる理想や達成したい目的・目標、それぞれの貢献の方法や約束ごとについて膝を突きあわせて深く議論する。プロジェクトが進行すれば時々に発生するトラブルに向きあい、乗り越えるために一緒に試行錯誤する。簡単な答えは、調べても出てきませんし、切り取ることもできません。こうした粘り強いプロセスの一つひとつに、相手に対する理解や共感、コミュニケーション、相互理解があり、その先に「協力」が成立していきます。これこそが、活きた国際協力の現実です。

信頼で世界を「つなぐ」ＪＩＣＡ職員の物語

ＪＩＣＡのビジョン「信頼で世界をつなぐ」は、英語で"Leading the world with trust"と表します。国際協力のプロジェクトというメカニズム（器）をつくり、実践するなかで「人と協力すること」をリードしていく。これこそが、ＪＩＣＡの職員の姿です。

本書は、ＪＩＣＡで働く若手の職員を語り手に、「人と協力すること」を主眼とした国際協力の仕事の実像を紹介していきます。この本で扱う国際協力は、どこかのスーパーヒーローの物語ではありません。描かれるのは、ひとりの人間が、等身大の自分で感じ、考え、行動したことによって紡がれる「つながり」の物語です。協力の現場一つひとつに、相手がいて、理解もあればトラブルもあります。それぞれの職員には、個性や想い、小さな一歩や工夫の積み重ねがあり、困難や葛藤、粘り強く地道な試行錯誤の軌跡があります。これら「つながり」の物語が、「横の糸」と「縦の糸」を編み、いつかの、だれかの世界を、あたたかく織り成すことでしょう。

こうした一つひとつの、地道で小さな物語に触れてもらうことで、「漠然としていた国際協力の仕事が、少し身近に感じられたような気がする」「国際協力を応援してみよう」「もしかすると自分にもできるかもしれない」「やってみたい」と思ってもらえたら。そう願っています。

〈プロフィール〉

大河原　誠也（おおかわら・せいや）。一九九一年生まれ、埼玉県出身。中学生で外交官に憧れ、大学は憧れの地京都に移り法学部で学ぶ。さまざまな地域の人たちとの交流の経験から、開発協力を現場に届けるＪＩＣＡに魅力を感じ、二〇一五年に入構。南アジア部（インド担当）、省庁出向（経済産業省）、エジプト事務所を経て、人事部にて新卒採用広報を担当。ＪＩＣＡサッカー部所属。大学卒業時に、東海道五十三次の各宿場での出会い・縁をつなぎながら、京都から日本橋まで五三泊・五四日間かけて踏破。

目次デザイン、図表作成　イソダカオリ

本書に登場する国々

<免責条項>

免責：本地図上の表記は図示目的であり、いずれの国及び地域における、法的地位、国境線及びその画定、並びに地理上の名称についても、JICA の見解を示すものではありません。

⑩ウズベキスタン
汚職を予防すると、国が発展する!?
⑪インド
ビジネスと社会課題解決の触媒を目指す、新時代の国際協力
①セネガル、モーリタニア
国を超えた学び合いが、日本の食卓に届ける海の恵み
⑤バングラデシュ
住民の声を聞く、気候変動・防災対策
⑦スリランカ
対等な議論ができるカウンターパートと共に
⑧カンボジア
綿密な調査を武器に、人身取引
③ガーナ
ナショナルスタッフと、話して話して、話しあう
⑮ザンビア
結局、うまくいったわけではないけれど

帝国書院提供の白地図をもとに、筑摩書房作成

1

セネガル、モーリタニア

国を超えた学び合いが、日本の食卓に届ける海の恵み

#水産協力

#第三国研修

松野雅人

海の豊かな西アフリカへ

皆さんはアフリカと聞くと、どのようなイメージが浮かびますか？　野生動物が集うサバンナという人も多いかもしれません。何を隠そう、私もかつてそのイメージをもち、「大好きな動物のいるアフリカに行きたい！」という想《おも》いをもって国際協力の道に入りました。ところが、いざアフリカ駐在が決まり、アフリカ大陸の最西端に位置するセネガルの首都ダカールに赴任してみると、そこは美しいビーチと海の幸に恵まれた町。サーフィンが楽しめ、美しい夕陽《ゆうひ》を見ながら新鮮なシーフードが堪能《たんのう》できるという、想像していたアフリカとはだいぶ違った駐在生活が待っていました。

西アフリカは、北からの寒流と南からの暖流がぶつかる大西洋の好漁場に接し、水産業が一大産業。セネガルは日本よりも一人あたり水産物消費量が多く、人々の重要なタンパク源になっています。また北隣のモーリタニアは、日本でも売られるタコの一大産地として有名な、水産物の輸出大国です。セネガル事務所に着任した私は、二〇二〇年一一月から三年弱、隣りあいながらも異なる特色をもつこの二カ国の水産セクターを担当しました。この章では、西アフリカの水産業の発展のために、途上国同士の学び合いの場を創り出した協力を紹介します。

生業を知るという仕事

水産セクターの担当として最初の仕事は、この地域の水産業の生業《なりわい》を知ることです。まずは、ダカールにあるスンベジウムの浜の様子を覗《のぞ》いてみましょう。

まず浜で目につくのはカラフルな細長い漁船の列。ピローグとよばれるセネガルの零細漁業の象徴です。近くの漁場から男たちが帰ってくる夕方になると、そのピローグと海の間の波打ち際に、彩り豊かな服をまとった露店のおばちゃんたちがおんぼろの木の机を出し、漁師から買いつけたばかりの魚をドンと並べて、威勢よく商売を始めます。そこに並ぶ獲《と》れたての魚の壮観な姿といったら……。ピッカピカのアジやカツオ、恐竜のような顔のノドグロやバラクーダ。他にも日本では馴染《なじ》みのない魚が並びます。中でも美味《おい》しいのはチョフ。日本では高級魚のハタの一種で、ふわっとしながら引き締まった白身が刺身にしても蒸しても焼いても最高です。

その浜にはレストランのオーナーや市場の仲卸人のほか、地元の人たちも魚を買いに来ます。セネガル人にとって魚は肉よりも安価で手に入れやすいタンパク源。新鮮な魚を炭火で焼いたグリルはそれだけでウマい。セネガルの国民食「チェブジェン」は、ブツ切りにした魚やいろんな野菜を煮込み、その出汁《だし》をたっぷり吸った炊き込みご飯を煮込んだ具と一緒に食べる料理で、これまた超絶品です。

水産や農業の分野の協力では、人々の普段の食生活を知ること、また誰がどのように産業に従事して、どのように稼いでいるかを知ることはとても大切です。日本とは異なる食文化や産業構造があることを理解してはじめて、そこで働く人々の生業をよりよくし、国の農業・水産業を発展させるためにどのような協力ができるかを構想できます。

ダカールの西海岸、スンベジウムの浜の夕方の賑《にぎ》わい。

セネガルはコメを主食にする国なので、JICAは日本の強みを活《い》かして長年この国の稲作開発にも力を入れてきましたし、野菜などの園芸作物の振興も推進しています。水産セクターの協力とあわせて、コメ・野菜・魚を使ったセネガルの国民食「チェブジェン」を支えているのです。

ラクダとタコの国、モーリタニア

さて、北隣のモーリタニアでは、水産業はどのような位置づけでしょうか。モーリタニアの沖合もセネガルと同じく好漁場の海です。セネガルと異なるのは、ここで取引される魚の多くが国内消費ではなく、輸出向けであることです。

じつはモーリタニアは国土の九割が砂漠で、もともとアラブ系の民族が多い国。彼らはラクダやヒツジなどの家畜を連れて砂漠を旅しながら生活をする遊牧民で、長い布を体に巻きつけて強い太陽光を避ける装束と、肉や乳製品中心の食文化を持ちます。一方、セネガルのアフリカ系ウォロフ人などの民族は海の民。祝祭のときなどには肉のご馳走《ちそう》も食べますが、日常的には魚を食べる文化です。そのため、セネガル各地で漁獲された魚はまず国内向けに流通しますが、モーリタニアでは漁獲の多くがそのまま輸出され、国の総輸出額の三割を占める重要な産品になっています。

この国から輸出される水産物といえば、なんといってもタコ。日本のスーパーマーケットにも「モーリタニア産」と書かれたタコがよく並びます。刺身に適した日本の柔らかいタコと異なり、プリっとした触感がたこ焼きに最適です。

このタコの一大産地が、国の北端に位置するヌアディブ漁港です。この地を訪れた人は誰しも、岸壁から突き出た桟橋にびっしり並び、水平線まで埋め尽くす一面の漁船に圧倒されるでしょう。この漁船にどさっと積まれているのは、プラスチック製の黒い円筒がたくさんロープに括《くく》りつけられた物体……これがタコ壺《つぼ》です。この地で獲られたタコが、はるばる一万キロ以上の旅を経て、日本のスーパーマーケットに、そして皆さんの食卓に並ぶのです。

モーリタニアのタコ産業が発展したきっかけ――じつはこれもまた日本の協力にありました。一九七八年、めぼしい産業がなく貧しかったこの国に、JICAから中村正明《なかむらまさあき》専門家が派遣されました。中村さんは現地で活動するなかで、日本では需要が高い良質なタコが、地元では食べられない未利用資源となっていることに気づきました。そこで、タコを傷つけずに漁獲できる日本のタコ壺漁を紹介し、これを漁民たちと共に振興。それが、この国の一大産業にまで成長したのです。

水産物の輸出を支えるインフラを無償資金協力で整備

モーリタニアのタコが日本に届くのに、もうひとつ欠かせない役割を担うのが、国立衛生検査場ONISPAです。国内一一カ所にあるONISPAの検査施設には、漁港や加工工場で採取されたタコなどの水産物のサンプルが届き、現地の研究者たちによって、腐敗して雑菌などが発生していないか、水銀などの有害物が混じっていないかなどの衛生検査が行われます。そして定められた検査をクリアした水産物が正式な認証を得てはじめて、日本などの外国へ輸出できるようになるのです。

じつはONISPAの検査場は、かつて日本の無償資金協力で整備された施設です。無償資金協力とは、途上国政府に資金を無償で譲渡し、日本企業によるインフラ建設や日本製の機材整備を行うJICAの協力手法です。首都ヌアクショットにある支部は、二〇〇四年の無償資金協力「ヌアクショット水産物衛生管理施設整備計画」により、一〇億円の資金で建設されました。またヌアディブにある本部は過去にも無償資金協力で日本製の検査機器などを整備していましたが、建物が手狭になっていたため、JICAがふたたび協力して新しい施設を建てることが二〇一八年に約束されていました。コロナ禍で工事の入札が遅れていましたが、私が駐在する間に日本企業による受注が決まり、日本人の技術者の方がモーリタニアに住み込み、建設を指揮されていました。

そんなモーリタニアに、私がはじめて出張できたのは二〇二一年六月。まず漁業省で出迎えてくれたのは、タコ壺漁を広めた中村さんの何代もあとの後任として、当時水産行政アドバイザーを務めていた椿裕己《つばきひろみ》専門家です。椿さんはセネガルなど他国でも経験をお持ちのベテランの専門家で、なごやかでときにお茶目なキャラクターとフットワークの軽さで、多くの漁業省の関係者から信頼を得ていらっしゃいます。モーリタニアにはJICA事務所がないため、セネガルから遠隔で協力を進めていくうえで欠かせない存在でした。

その椿さんの案内で訪ねたのが、ONISPAのトップを務めるアリ所長です。私がまだつたないフランス語で自己紹介すると、深いよく響く声で「Bonjour《ボンジュール》」と挨拶を返してくださいました。お洒落《しゃれ》な眼鏡をかけ、優しい笑顔でにこやかに話してくださいますが、私はまだ当時、フランス語を聞き取るので精いっぱい。セネガル事務所から一緒に来たモーリタニア人の同僚、ファトゥさんに助けてもらいながら、日本の協力をどう進めていくか議論しました。

国同士が学び合う「第三国研修」という場づくり

アリ所長は、ONISPAに質の高いインフラを整えることに留《とど》まらず、西アフリカでも随一の水産検査のノウハウを、周辺国に広げるビジョンを持っていました。モーリタニアはタコ産業の発展を契機に、水産物輸出を国の政策として早くから進めてきたため、すでに検査体制が整っています。

他方、周りの西アフリカ諸国では、近年漁獲できる魚のサイズがどんどん小さくなるなど資源の枯渇が問題となっており、限りある水産資源の価値を高めるために、検査や輸出認証の制度を整えるニーズが高まっています。セネガルでもまさに、国内初となる水産物に特化した衛生検査場、つまりONISPAと同様の施設をＪＩＣＡの無償資金協力で整備する計画が始動し、その運営を担う人材や技術者を育成することが求められている状況でした。そこで、二〇二〇年にモーリタニアの漁業省からＪＩＣＡに要請されたのが「アフリカ地域水産物衛生検査能力強化」という新しいプロジェクト。ONISPAがセネガルを含む周辺国から研修員を受け入れ、人材育成を行う「第三国研修」という形態の協力です。

ＪＩＣＡは「研修事業」をさまざまなところで展開しています。もっとも多いのは日本人専門家が途上国に足を運び、現場で技術などを指導する研修です。また途上国から日本に研修員を呼び、日本の政府機関や現場を視察し学びを得る「本邦研修」も数多く

モーリタニアとセネガルの水産協力に関わった主な人々。紹介した以外にもさまざまな協力を多層的に展開しました。

実施しています。対して、「第三国研修」は、優れた技術をもつ途上国が、近い課題をもつ途上国に対して研修を行う形の協力です。社会的背景が大きく異なる日本から学ぶのに比べて、文化的に近い途上国同士での学び合いのため、より実践的な技術を学ぶことができる強みもあります。その実現のミッションが、私に課せられたのです。

新しい研修を実現するには、日程や講義内容を決めたり、参加国や人数を決めたり、研修員の航空券や移動手段を手配したり、数々の準備工程があります。こうした細かい調整を一手に担ったのがセネガル事務所の同僚、アミナタさん。彼女は以前、事務所のなかで経理や契約監理の仕事を担当していましたが、その後ファトゥさんに代わって水産担当になり、私と二人三脚で働いていました。彼女は経理や契約の複雑なルールをよく理解していたので、セネガルからほぼ毎日アリ所長に電話をかけながら、書類の準備や手配が過不足なく進むように綿密に調整してくれました。モーリタニアに駐在する椿さんも、アリ所長の傍らで書類などに目を通し、遠隔でのコミュニケーションを支援してくださいました。私は周りのサポートを受けながら、交渉の前面に立ち、全体の業務の監理・調整を行いました。そうした協働作業によって、協力のアイデアを形あるものに落とし込んでいくのです。

日本からアフリカへ、そして域内で広がる水産協力

二〇二三年二月、長い準備期間を経て、ついに第三国研修の開講式の日を迎えました。ONISPAの前には美しい大きな絨毯《じゅうたん》がしかれ、重厚な椅子が並べられます。研修員が飛行機に乗り遅れるなどのトラブルもありつつ、なんとかフランス語圏アフリカの四カ国、セネガル・ギニア・マリ・コートジボワールの漁業省関係の研修員が並びました。漁業大臣、日本大使に挟まれ、アリ所長もいつも以上の笑顔。そのアリ所長が堂々とス

ピーチします。

「モーリタニアへの長年の日本の協力に改めて感謝します。ONISPAはその協力を得て、優れた水産物衛生検査の技術を今日まで培ってきました。このたび、その技術を近隣のアフリカ諸国に共有する機会を得られて本当にうれしい。誇りをもって、西アフリカ地域全体の水産業の発展に貢献したいと思います」

そして始まった研修では、まず研修員たちが各国の現状や課題を互いに共有し、その後、施設の運営や認証制度等に関する講義と、さまざまな衛生検査の実技指導を受けました。さらに学びをふまえて、自分たちの国の課題解決のために取り組む活動を計画し、発表しました。

多くの研修員が、どの内容も実践的で、また研修員同士の意見交換が有意義だったと振り返り、二週間の研修は成功裏に終わりましたが、彼らが自国に帰ってそれぞれの国の発展に寄与することが、研修の真の目的です。

私は二〇二三年八月に日本に本帰国し、研修の実施は後任に引き継ぎました。それで

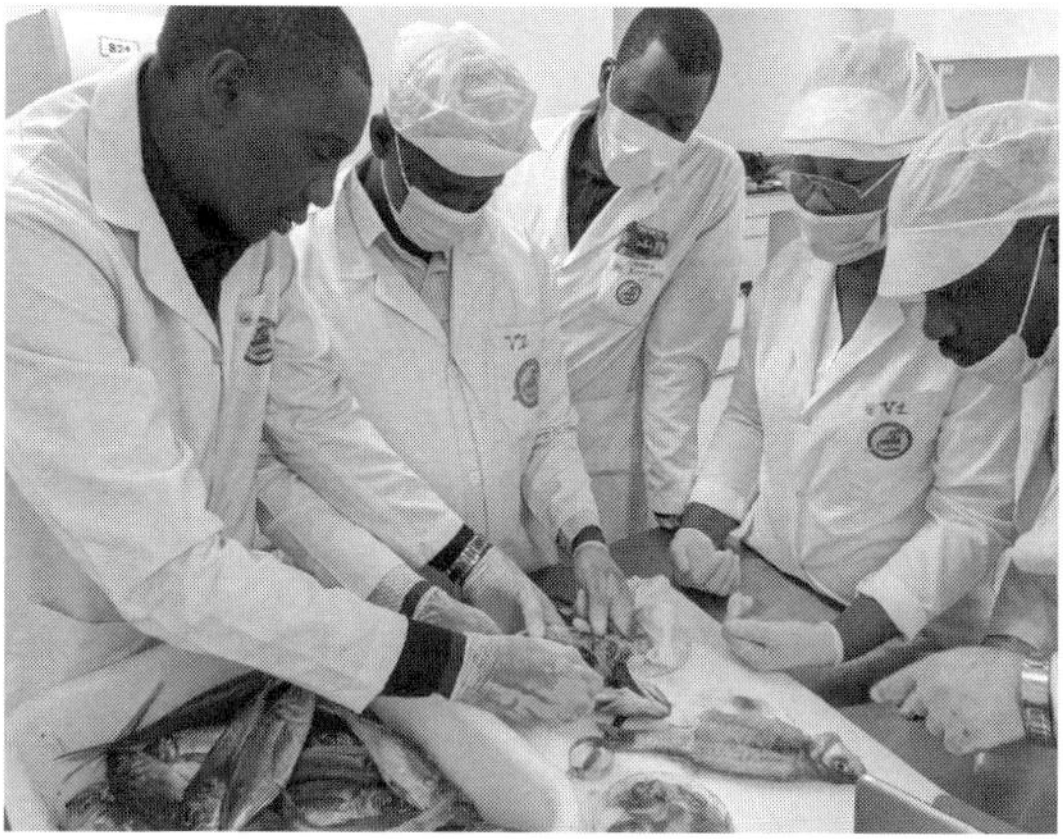

2023年11月に行われた第2回第三国研修において、新設された施設での実習の様子（写真提供：椿裕己）。

も、その後もモーリタニアとセネガルの協力関係は続いています。実はセネガルでは今、JICAの無償資金協力で、ONISPAと同じような水産物衛生検査施設を国内ではじめて立ち上げようとしています。そのプロジェクトの責任者を務めるセネガル漁業省のジョップさんは、初回の第三国研修に参加した後、同国の水産行政アドバイザーを務める石田《いしだ》光洋《みつひろ》専門家と共に、人材育成計画を練り直しました。二〇二四年四月にはONISPAとセネガル漁業省が技術協力に関する覚書を結び、今度はONISPAの技術者がセネガルを訪問し、国際的な認証施設として認められるための指導を行うことも予定されています。このように第三国研修が契機となって二カ国の技術交流が今後も進むことで、近い将来、セネガルで獲れたタコなどの豊かな海の幸を日本で食べられる日がくるかもしれません。
限りある水産資源（と日本の美味しいたこ焼き）を守り、持続可能な水産業を発展させるため、各国でインフラ整備と技術協力を組みあわせながら、日本が仲立ちとなってアフリカの国同士の学びを発展させています。

〈プロフィール〉
松野　雅人（まつの・まさと）。一九九三年生まれ、神奈川県横浜市出身。ディズニー作品で異国に憧れ、横浜の動物園でゾウやオカピに触れあって育ち、二〇〇八年に横浜で開催されたアフリカ開発会議で国際協力の仕事を知る。大学では国際政治経済やアジア・アフリカ地域研究、文化人類学などを広く学び、二〇一六年に入構。南・中央アジアの保健担当などを経て、二〇二〇年にセネガル事務所に赴任、水産・モーリタニア担当を務める。現在は本部・経済開発部で仏語圏アフリカの農業開発・栄養改善に取り組む。「ワークショップデザイナー」として専門分野や職務を超えた組織内外のコミュニケーションの促進も目指している。

広島県・因島

2 若者は、多文化共生の専門家!?

#外国人労働者　#多文化共生　#学生にできること

岩谷允六有

増加する外国人労働者

瀬戸内海のほぼ中央に位置し、温暖な気候に恵まれた美しい自然と、豊かな伝統・文化にはぐくまれた因島《いんのしま》。サイクリングやドライブで訪れ、因島の人や景色、食べ物などに魅了された経験がある方も多いのではないでしょうか。そんな魅力あふれる因島においても人口減少、少子高齢化が進んでおり、かつては四万人を超えていた人口は、二〇二四年五月現在で約二万一〇〇〇人まで落ち込んでいます。一方で、夕方になると多くの若者が自転車で砂浜に向かい、元気に海で泳ぐ姿を見ることができます。その様子を微笑《ほほえ》ましく眺めていると、若者たちが話す言葉が日本語ではないことに気がつきます。

夏の日の夕方、因島の海で泳ぐ技能実習生。

彼らに声をかけてみると、その多くが因島の企業で働くインドネシア人やベトナム人でした。

二〇二三年、日本で働く外国人労働者数ははじめて二〇〇万人を超えました。現場での実習を通じて日本のさまざまな技術を習得し、その技術を母国に広めるという国際貢献を目的とした「技能実習」、一定の専門性・技能をもち、即戦力となる外国人労働者の受け入れを目的とした「特定技能」などさまざまな在留資格が創設され、外国人材の受け入れが進んでいますが、二〇四〇年にはさらに四〇〇万人以上多い、約六七四万人の外国人労働者が必要になると推計されています。

労働力不足が課題となっている因島でも、造船所や鉄工所、種苗会社などさまざまな業種で外国人労働者の受け入れが進んでいます。このように外国人労働者の受け入れが急速に進む近年、外国人労働者の権利を保護し、労働環境・生活環境を改善することは、因島のみならず、世界的な社会課題となっています。

このような状況を受けて、近年ＪＩＣＡは開発途上国に対する協力だけでなく、外国人材受け入れ・多文化共生等の国内課題解決に資する取り組みにも力を入れています。私が因島をはじめて訪れたのは二〇二〇年一一月。コロナ禍で一時帰国を余儀なくされたＪＩＣＡ海外協力隊の隊員が因島の地域活性化に取り組んでいると聞き、ＪＩＣＡ中国センターの職員としてその様子を見に行ったときでした。因島で働く外国人労働者や現地の方々と接する機会があり、双方の悩みごとなどを聞くにつれ、ＪＩＣＡとして因島で何かできることはないかと考えるようになりました。

労働力不足は日本だけの課題ではなく、経済先進国を中心に世界中で大きな課題となっており、人材争奪戦が激化しています。このような状況下において、日本は外国人労働者から「選ばれる国」になるのか、今がまさに正念場です。労働条件や職場環境の改善等、受け入れ企業の取り組みも重要となりますが、一歩職場から出れば「外国人労働者」は在留資格にかかわらず、日本社会で生活する「住民」であり、地域コミュニティにとっても地域の活力となる大切な存在です。そのため、日本が働きたい国であるとともに、住みたい国でもある必要があります。異文化を尊重し、ともに生きるための「多文化共生」という言葉をニュース等で目にする機会も増えましたが、まだまだ自分ごととして捉えている人は限定的であるように思います。

無知から生じる恐れ

因島の海で楽しそうに泳ぐインドネシア人やベトナム人に話を聞くと、職場外の人たちとの関係性は薄く、近所に住む人たちとはあいさつはするものの、「怖い」と感じている人が多いようでした。また、同じように日本人住民も海外から移住してきた住民を「怖い」と感じている人が多く、お互いにある程度の距離を置いて生活をしているようでした。ただ、双方とも実際に嫌な思いをさせられた経験がある人は限定的で、「怖い」という感情が実際の経験に基づくものではないようでした。技能実習生による犯罪等のニュースを目にして「怖い」と感じている人もいるとは思います。ただ、夕方まで必死に日本の企業で働き、気分転換に海で泳いでいる彼らの姿を見ていると、少なくとも「怖い」人たちではないように思いました。

「恐れはつねに無知から生じる」という言葉がありますが、天災や伝染病など得体のしれないものとして過去に恐れられたものの中には、今ではその原因や対処法等の知識が蓄えられ、恐れの対象ではなくなったものが多く存在します。人は恐れていることに関して知識を蓄え、適切に行動することで、恐れを克服することができるのです。今の日本では、日本人住民と外国人住民それぞれが互いに接触することを避け、相手のことを知る機会を失った結果、「怖い」というネガティブな気持ちが膨らみ、さらに接触を避ける悪循環が生まれているのではないでしょうか。そうであるなら、相手の宗教や文化、性格等を知り、適切な行動をとることで、「怖い」という感情を克服し、双方にとってより住みやすい環境にしていくことを目指すべきです。

ただ、「怖さ」の克服のために、「相手のことをもっと知り、もっと仲よくすればいい」とコミュニティの外に住む私のような「よそ者」は簡単に言いますが、実際にそのコミュニティに住む人たちにとってそれは簡単なことではありません。たとえば、テレビでスポーツ中継を見ていて、「もっとああしたらいい、こうしたらいい」とブツブツとつぶやく人も多いのではないでしょうか。ですが、テレビに向かってつぶやいたとおりに自分自身がプレーできるかどうかは別の話です。「よそ者」によるアドバイスは当事者にとってはただの「おせっかい」であることが多いのも事実です。

よそ者による適切なアプローチ

他方で、客観的に物事を見ることができ、別の土地で異なる経験を積んだ「よそ者」だからこそ見えるもの、アドバイスできることも多々あるように思います。JICAはこれまで長年にわたって開発途上国への国際協力を実施してきましたが、相手国にとっては「よそ者」であり、場合によってはJICAによる開発途上国への協力は相手国にとっては「よそ者による余計なおせっかい」で終わってしまう可能性も含んでいます。「余計なおせっかい」だと思われないためには、JICAが相手国にとってただの「よそ者」ではなく、一緒に課題に取り組むべき信頼できるパートナーとして認識される必要があります。

　信頼できるパートナーとして認識されるためには、一方的に解決策を提案もしくは実行したりするのではなく、相手の立場を尊重しつつ、ともに解決策を模索する姿勢が重要です。

　因島を訪れて外国人労働者の話を聞くうちに、私の中で、外国人労働者と地域コミュニティが関係を深める機会を創出し、双方にとってより住みやすい環境にしていくことはできないかという気持ちが強くなりました。ただ、ＪＩＣＡがイベント等を一方的に開催して交流の機会を作るだけでは、それこそ「よそ者」による一方的な「おせっかい」になってしまいます。このため、たとえばＪＩＣＡ海外協力隊事業の場合、隊員を派遣する前に「カウンターパート」とよばれる現地で隊員の相棒となる人の配置を相手国に求めます。現地にとって現実的で、かつ本当に必要な協力を考えるためです。因島でＪＩＣＡが活動するためにもこの「カウンターパート」とよべるような存在が必要でした。

　幸いなことに因島においては比較的容易に同じような問題意識を持ち、同じ方向を向いて活動したいと考えている現地パートナーと出会うことができました。因島でカウンターパートとなっていただいた（株）プラスは、因島に拠点をもつブランディング会社で、尾道《おのみち》やその周辺での移住を考える人に向けた移住支援や、イベント企画等にも取り組んでいる企業。代表の酒井裕次《さかいゆうじ》さんは生まれも育ちも因島であり、島の課題を把握するとともに人脈づくりにも長《た》けていました。現地でのつながりや信頼関係をすでに有しているカウンターパートと共に活動を行うことで、スムーズに因島で活動を行うことができました。たとえば、技能実習受け入れ企業や技能実習生へのインタビュー。ＪＩＣＡのような「よそ者」だけでは相手も構えてしまい、なかなか本音を聞き出すのは難しいですが、現地で信頼されている方からの依頼であればと快く本音で語ってくださるのです。

今の時代を生きる若者は、多文化共生の専門家？

カウンターパートが見つかれば、さっそく課題解決に向けた活動を開始したいところですが、ＪＩＣＡ職員と「カウンターパート」だけではまだ活動に向けての体制としては不十分でした。開発途上国への協力を実施する際も同様ですが、ＪＩＣＡ職員は課題解決に向けた最適なチーム作りを行うプロデューサー的な役割には強みをもっていますが、かならずしも課題解決に向けた専門知識などが豊富だとは言い切れません。そのため、開発途上国において、実際に現地で活動を行うのは「専門家」や「協力隊員」とよばれる特定の分野で専門知識を持った人たちです。因島での活動の場合も同様に、因島を日本人住民、外国人住民双方にとってより住みやすい環境に変えていくことができる、多文化共生の専門家が必要でした。

多文化共生の専門家と聞いて思いつくのはどういった人でしょうか。海外での生活経験が長い人でしょうか、もしくは、国際学部の大学教授でしょうか。私は、現代の若者の多くは、多文化共生の専門家になる素質があると思っています。一昔前までは、異文化理解、国際理解といえば海外に興味関心があり、海外に行ってみたい人や実際に海外で暮らす人に必要なスキルとして捉えられていたように思います。他方で、現在の日本は外国人労働者の受け入れが進み、また、外国人観光客なども増えており、生まれたときから外国人が周りにいることが当たり前の環境になっています。子どものころから先入観をもつことなく外国籍のクラスメートや友達、近所住民と過ごしているからこそ、今の若者、これからの若者は多文化共生社会を生きていく力があると思っています。

そのため、因島での活動を行うにあたっては中国地方に住む大学生の力を借り、外国人労働者と地域コミュニティが関係を深めることができるようなイベントを企画してくれる大学生を募集することにしました。ただ、大学生が誰でも多文化共生を促進していく専門家かといえば、そうではありません。素質はあり、自分自身は無意識のうちに多文化共生社会を生きる力を身につけていても、多文化共生社会実現のために具体的に行動した経験が豊富にある人はかなり限定的です。

自分にできること、果たせる役割を考える

イベントを実施するためには、インタビュー等を通して現地で求められていることを知ることや、活用できるリソースの確認、イベントに向けた計画などあらゆる準備と、それぞれの準備を適切に実施する技術や経験が必要になります。そのためイベント実施前に大学生向けのフィールドワークを実施して大学生の能力向上を図るとともに、イベ

ント実施に向けた準備を行いました。フィールドワークでは、開発途上国において実際にＪＩＣＡ事業を実施している専門家の方々から調査や計画に必要な手法や経験を伝授していただきました。

大学生は学んだことを活《い》かし、技能実習生や受け入れ企業などにインタビューを行い、外国人労働者が実際に因島でどういった生活を送り、どういった課題を抱えているのかなどの情報を聞き出しました。「遠い存在だと感じていた技能実習生は自分たちとほとんど年齢の変わらない若者で、慣れない日本において一生懸命日本語を話しながら努力している人たちなのだとわかりました。その姿を見ると、自分ができることはないかと真剣に考えるようになりました」と話す学生もおり、インタビュー前とインタビュー後では、学生の熱量が大きく変わりました。因島に住む技能実習生が「知らない誰か」ではなくなったことで、自分たちにできることを本気で考えるようになったように思います。技能実習生の側も、年齢の近い学生だったからこそ、友達のような感覚でいろいろと本音を話せたようでした。フィールドワークを通して、大学生は多文化共生の専門家に一歩近づいたように思います。

フィールドワーク参加者の大学生から技能実習生へのインタビューの様子。

学生たちは自分たちが因島でできること、すべきことの議論を何日間もかけて行いました。移動手段が自転車である技能実習生が集まりやすいイベント会場はどこか、どういったイベント内容がいいのか等、さまざまな配慮を行いながら自分たち自身でイベントの準備を進めていきました。また、「イベントが終わった後も交流を続けてもらいたい」、「因島で多文化共生のために自ら行動できる人を増やしたい」との思いから、大学生たちは地元の高校に相談して高校生向けの説明会を実施し、イベントの企画運営に携わってくれる希望者を募りました。関心を示してくれた高校生の中には、「外国人労働者とのイベント

「因島ワールドフェス」の一幕、チーム対抗大縄跳び。

は不安」と親から懸念を示された人もいたようです。他方で、「年齢の近い大学生に将来のことを相談しながら活動をしたい」と参加してくれる高校生もいました。

大学生、高校生、カウンターパート、JICAがそれぞれ自分たちのもつ強みを活かし、役割を果たした結果として実施されたイベント「因島ワールドフェス」には外国人労働者一六名や地元の高校生を含む計四三名が参加しました。言葉が必要ないジェスチャーゲームからチームワークが重要となる大縄跳びまで、参加者が徐々にコミュニケーションを深められるように配慮してイベント内容が考えられており、イベントが終わるころには参加した全員が笑いあえる空間になっていました。イベントに参加した技能実習生は「自分たちのことを思って大学生や高校生が行動してくれたことが何よりもうれしい」と感動した様子でした。少なくともその空間に「怖い」という感情は一切なかったように思います。

想いと行動で世界を変える

フィールドワークに参加した大学生は、「外国人とかかわってみたいと思ってフィールドワークに参加しましたが、まさか自分自身がその機会を創る側になるとは思いませんでした」と語っていました。また、イベントに協力してくれた高校生も「高校生の自分たちにもできることがあるんだという自信がついた」と感想を述べていました。

国際協力や多文化共生、地域活性化等すべてに共通していえることですが、誰かが課題に取り組まなければ何も変わりません。自分ができることを考え、実際に行動することでほんの少しかもしれませんが、変化が起こるのです。少しの変化を起こすことで、課題解決に向けて同じ方向を向いてくれる協力者が増え、さまざまな強みを有した協力者が増えることで小さな変化は大きなうねりとなります。

「因島ワールドフェス」は目に見える形で因島内の人間関係を変えるような成果はもたらしていないかもしれません。また、外国人労働者の受け入れに関してのすべての課題を解決するような内容でもありません。ただ、イベント参加者にとって、因島はイベント参加前よりも少しだけ住みやすい環境になったのではないでしょうか。この世界をよりよい環境へと変えていくのは、人々の想いと行動の積み重ねなのだと思います。

〈プロフィール〉
岩谷 允六有（いわたに・まくも）。一九九一年生まれ、奈良県出身。オーストラリア国立大学で環境政策学を学び、修士取得後二〇一八年に入構。ミャンマーおよびタイの鉄道、道路橋梁《きょうりょう》担当として案件形成の経験を積み、二〇二〇年に東広島にある中国センターに異動。中国地方のNGOや自治体、大学等の国際協力活動への参加をサポートするとともに、因島での活動のような国際協力の担い手の育成や地域課題解決に向けたイベント等を実施。現在はフィジー事務所で気候変動・環境分野のプロジェクトを担当している。

ガーナ

3 ナショナルスタッフと、話して話して、話しあう

#ガバナンス　#ナショナルスタッフの仕事

左近文子

ナショナルスタッフ、金ちゃん

「金《きん》ちゃん」ことシルベスターは、JICAガーナ事務所（以下、ガーナ事務所）で働く一〇年目のナショナルスタッフ。国民への行政サービス提供を担う公務員の育成や、債務の適正な管理を目指すガバナンス分野のプロジェクトを担当する私の相棒です。ナショナルスタッフとは現地雇用のスタッフのことを指し、JICAの各海外拠点では、日本人スタッフとナショナルスタッフがパートナーとして日々働いています。ガーナ事務所は二〇二四年五月時点で、日本人スタッフ一八名、ナショナルスタッフ一七名の体制となっています。

金ちゃんはもともと、地方公務員の人材確保や養成、地方機関の能力強化を担うガーナの政府機関で働いていました。ＪＩＣＡは世界各地でのガバナンス分野のプロジェクト実施を通じて豊富な専門知識やノウハウを蓄えており、金ちゃんはそれらから学ぶ機会を得ると同時に、自分自身のこれまでの経験や専門性を活《い》かして、ガーナの国創りの中核を担う公務員の育成制度・体制の強化や各種行政手続きを効率化する仕組み作りに協力したいと考えていました。適正な行政サービスが効率的に提供されることでガーナの発展に大きく貢献できるという思いから、二〇一五年からガーナ事務所で働いています。

ガーナでは、本名とは別に、生まれた曜日に合わせて現地名が決まっています。たとえば、私は火曜日生まれなので現地名はAbena（アベナ）です。ガーナ政府関係者との打ち合わせの際、「私の名前はAbenaです」と自己紹介すれば、相手のハートをつかみ一気に距離を縮めることができるので、私の十八番《おはこ》となっています。

ということは、シルベスターは金曜日生まれだから「金ちゃん」——というわけではありません。とある打ち合わせで私が現地名で自己紹介を行った後に、ガーナ政府関係者がナショナルスタッフのシルベスターに対して、日本名はないのかと質問しました。そこに同席していたガーナ事務所の所長が、「シルベスター、シルバーだから、銀太郎《ぎんたろう》（親愛をこめて銀ちゃん）」と命名し、晴れてシルベスターの日本名は銀ちゃんとなったかと思われました。しかし数日後、銀の上には金があることを知ったシルベスターは、「俺は一番になりたいから、今日から金ちゃんになる」と堂々宣言。こうして彼の日本名は「金ちゃん」になったのでした。明るくて向上心のある、シルベスターの人となりが垣間《かいま》見《み》えるエピソードだと思います。

金ちゃん（右）と筆者。

こんな金ちゃんとの一日は、世間話から始まります。世間話の内容はさまざまで、時事ネタ、面白かったドキュメンタリー、彼が大ファンのレアル・マドリードの試合、出勤時の渋滞、夜中にお子さんが熱を出して大変だった話等々、日本の職場でも話されるような内容です。しかし、とくに時事ネタとなると話が止まりません。ガーナの最近のニュースについて、その事柄の経緯や背景情報をことこまかに解説してくれます。解説だけではすまず、意見を求められたり、議論に発展したり、日本ではどうなのか矢継ぎ早に質問が飛んできたり。日本に関心を持ってくれるのはありがたいことですし、私自身にとっても、日本について知らなかったことを調べるきっかけとなっています。

公務員研修センターへの協力

さて、金ちゃんはガーナ事務所でどんな仕事をしているのでしょうか。まず、私たちの仕事の全体像から紹介します。

私たちがいっしょにプロジェクトを行っているガーナの行政機関である公務員研修センター（Civil Service Training Centre: CSTC）は、ガーナの公務員の行政能力強化を担っている組織です。ＪＩＣＡはＣＳＴＣに対して二〇〇七年から三件の技術協力を通じ、研修運営能力の強化や、主要な研修コースの開発に協力してきました。これらの協力を通じて開発された研修コースは、中堅公務員の管理職（局長級）が昇進前に受講しなけ

公務員研修センター（CSTC）の外観。

ればならない必須研修にも指定されており、関係省庁において政策の策定・実施の中核を担う人材の育成に貢献しています。

もともとCSTCは、研修を自律的に実施できる能力をもっていました。しかし、二〇二〇年の新型コロナウイルスの世界的な流行拡大により、対面での研修実施が困難になったため、オンライン研修への切り替えを進めていかざるをえない状況に陥っていました。対面研修と同じだけの研修効果を確保するために、オンライン学習システムの整備、オンライン研修と対面研修の効果的な組み合わせの検討が必要となりました。その結果、オンライン研修実施能力の強化を通じた公務員の能力強化を目的とする協力の要請がＪＩＣＡにあり、二〇二二年より四件目の技術協力となる「行政人材基盤強化」プロジェクトを実施しました。

ＣＳＴＣにとって、オンライン研修のコース開発やオンライン学習システムの整備は未知なる世界であり、どのようにコース開発を進めるのか、どのような仕様のシステムを購入するべきか、一から議論がなされました。

自助努力支援への理解を共有する

ＪＩＣＡがこのような国際協力を行う際、読者の皆さんは、専門家、コンサルタント、ＪＩＣＡ海外協力隊、そしてＪＩＣＡに勤める日本人スタッフたちが協力して働いている様子を想像し、ナショナルスタッフの存在が思い浮かぶ人は少ないと思います。恥ずかしながら、私自身もＪＩＣＡに就職するまではＪＩＣＡのナショナルスタッフの存在を知りませんでした。

そして、「ＪＩＣＡには日本人スタッフとナショナルスタッフがいる」と聞くと、日本人スタッフの指示の下でナショナルスタッフが働き、ナショナルスタッフは会議の日程調整や議事録取りを行うなど、ハッキリとした業務の分担があるのだと思うかもしれません。しかし実際は、いっしょに目標を立て、その達成に向けてお互いを支えあう関係性なのです。

今回のプロジェクトでは、日々の活動は、JICAとの契約のもと実際にCSTCで勤務する日本人のコンサルタントさんが、CSTCのスタッフとコミュニケーションを取りながら決定していきます。ですが、現地人同士のほうが言いやすいことも多くあるようで、CSTCのスタッフから頻繁に金ちゃんに電話があります。「こういったものは買えないのか」「こういった協力はできないのか」といったさまざまなリクエストに対し、金ちゃんは無下に「できない」とは答えません。プロジェクトが終了した後にもCSTCがオンライン研修を含めた研修業務を続けられることを第一に、可能な範囲でリクエストに応えられるように調整してくれます。

日本が行っている協力の特徴として、「自助努力支援」があります。この「自助努力支援」とは、「途上国の人びと自らの手による努力を支援する」ことを指し、ナショナルスタッフである金ちゃんもこれを深く理解しています。

たとえば、オンライン学習システムの整備に関連して、ハイスペックな性能のシステムを購入したいとCSTCから希望が寄せられたことがあります。このとき、「プロジェクトの実施中はJICAが運用費用を含めて支払いを行うけれども、終了後はCSTCが支払いを行う必要がある」という点を、改めて金ちゃんからCSTCに説明してもらいました。プロジェクト終了後の支払い計画をCSTCに立ててもらいつつ、オンライン研修を実施するために必要最低限の機能は何であるのかをコンサルタントさんも交えて相談し、最終的に関係者が納得する形でシステムを購入しました。

プロジェクト終了後の、それぞれの思惑

コンサルタントさんの素晴らしい活躍、CSTCとの連携があり、このプロジェクトではオンライン研修コースの開発のみならず、自律的にオンライン研修コースを開発する能力をCSTCが取得するという成果を残すことができました。

とくに研修コースの開発については、コンサルタントさんが代行したほうが早く質の良いものが完成したでしょう。しかし、JICAが大切にするのはCSTCの自立性で

す。コース開発の経験が属人的なものにならず組織全体に残るように、チーム単位で開発を行い、コンサルタントさんが各チームを支援する形をとりました。

こうして「行政人材基盤強化」プロジェクトが終了した後の展望については、関係者それぞれがそれぞれの思惑や想《おも》いを持っていました。

ガーナの公務員、いわばガーナを支える中核人材の育成を担うCSTCのドーラ校長は、CSTCの中長期的なビジョンのひとつとして、Centre of Excellence（専門的な知識やノウハウが集約された中核機関。以下、CoE）としてガーナ以外の周辺国への知見の共有等の協力を実現することを掲げていました。ですが、CSTCは周辺国の公務員研修を担う機関と接点はあるものの、どのように何を進めていけばいいのか迷っているようでした。そこでJICAに対して、本ビジョンの実現に協力してくれる専門家派遣の協力要請が寄せられました。

また、ガーナをより良くしたい、CSTCをより良くしたいと強く願うドーラ校長と日々向きあい、同じ気持ちで寄り添う金ちゃんも、CSTCをガーナおよび西アフリカにおける公務員研修実施の拠点機関として位置づけたいという強い思いを抱いていました。

　これまでの協力を通じて、ＣＳＴＣの研修実施・管理能力は大幅に向上していたため、ＣＳＴＣとの協力を終了させることもありえました。しかし、他の英語圏西アフリカのＪＩＣＡ事務所スタッフと話をするなかで、各国ともに公務員の能力開発が重要であると考えているけれども、新型コロナウイルス感染症の世界的大流行に伴い、公務員の研修実施にあたって大きな課題に直面しており、支援の手が届いていないことが明らかになりました。公務員の非効率性や生産性の欠如は各国の開発や行政、経済パフォーマンスの低下をもたらしてしまうため、国家の発展のためには公務員の質および生産性の向上が不可欠なのです。私は、ＣＳＴＣを拠点として、他の英語圏西アフリカの国々に貢献するようなプロジェクトが形成できるのではないかと考えるようになっていました。

　また、ＣＳＴＣのような公務員研修を担う機関への協力に対応できる日本の専門家の数には限りがあるため、日本からの専門家派遣がなくとも似たような課題をもつ国々にも貢献できるようなプロジェクトの形成を念頭に置いて検討を進めたいという、ＪＩＣＡ全体の考えもありました。

私たちＪＩＣＡの仕事は国創りであり、ガーナを創るのはガーナ国民です。そしてその中核を担うのが公務員であり、公務員の育成への協力については日本のＯＤＡの二国間援助の実施機関であるＪＩＣＡだからこそ協力できる分野であると私は考えています。ドーラ校長は、ＣＳＴＣの機能をもっとよくしたい、国をよくしたいという情熱を持って日々働いておられ、金ちゃんと私は面談のたびにその情熱を受け止めながら、一緒に議論することができました。これは、この仕事の醍醐味《だいごみ》のひとつだなと思います。

最大公約数を導き出すために

関係者それぞれや所属する組織が担う役割と置かれた立場の違いから、現状の理解や重点の置き方に違いが生じるのは当然のことです。相手の立場と考え方を尊重しながらも、双方が納得感を持って協力を通じての目指すべき姿について、共通理解を得られるまで、何度も議論を重ねることが重要です。また議論を通じて、ＣＳＴＣの主体性を醸成することも重要です。

ＣＳＴＣとしては、プロジェクト終了後はＣｏＥとしての役割を果たせるように組織としての能力強化をしていきたいと考えており、周辺国へ貢献する形で協力を行っていきたいという面ではＣＳＴＣとＪＩＣＡの思惑は一致していました。しかし、日本からの専門家の派遣を希望するＣＳＴＣと、ＣＳＴＣには日本からの専門家なしで周辺国への研修を行い西アフリカ域内の拠点になってほしいと考えるＪＩＣＡの差がある状態でした。

この差を埋めるにあたり、できないことの伝え方には細心の注意が必要です。簡単にできないと伝えてしまうと、信頼関係が崩れてしまうことにもつながりかねません。「行政人材基盤強化」プロジェクトを通して、私たちはＣＳＴＣとＪＩＣＡという組織対組織の関係を超えて、個人対個人の深い関係を構築してきました。ＣＳＴＣが目指すものが何であり、それを目指すにあたっての障壁は何であるのか、本音で話してもらうことが重要であると考えたからです。私は、外勤の帰り道にいつもＣＳＴＣに立ち寄ることを意識していました。とくに用事がなくても、挨拶をしたり、世間話をしたりすることを積み重ねていくことで信頼関係を築き、本音を話してもらえる関係を構築したかったのです。

また、職場で隣に座っている金ちゃんがCSTCのスタッフと電話しているなと思ったら、どのような話をしていたのかすぐに聞き、JICAで協力できそうなことは逆に提案したり、できないことは前もって伝えたり、代替案を考えてみるといったことを意識していました。

こうした日々の小さな積み重ねの結果、ありがたいことに信頼関係も構築でき、CSTCのスタッフからさまざまな本音がでてくるようになりました。うれしいことである一方で、JICAとして協力できないことを伝える難しさがあります。

ここで活躍するのが金ちゃんです。できないことの伝え方、どこまでをどのように伝えるべきか、そのさじ加減は金ちゃんがよく把握しています。彼はCSTCに対する協力について、過去のプロジェクトから担当しており、CSTCスタッフとの信頼関係を築きあげているのはもちろんのこと、現在に至るまでの経緯や課題であったこと、CSTCスタッフ各人の特性を熟知しています。

西アフリカの中核公務員研修センターを目指して

幾度にもわたる議論の結果、「CSTC自身が主体となって西アフリカ諸国への研修を行うことで、CSTC自身の能力を強化し、公務員の能力の強化を担う卓越した研修センターとしての位置づけを確固たるものにする」という方針が決まりました。JICAは、この研修の実施に対して協力を行うことになりました。

金ちゃんには、コンサルタントさんの力も拝借しながら、CSTCとともにどのような研修が周辺国で必要とされているのか調査を行ってもらい、現在はCSTCで研修プログラムの検討開発を進めています。

プロジェクトの要請を取り付けることや内容を決定することはゴールではなく、みんなで描いた理想像を実現するためのスタートでしかありません。西アフリカ諸国の中核機関への道のりを歩みはじめているCSTCに対し、これからも金ちゃんを中心に、ガーナ事務所が協力していきます。

ナショナルスタッフの潜在能力開花を後押しする

最初にお伝えしたとおり、ＪＩＣＡの日本人スタッフとナショナルスタッフは、お互いに支えあう関係性にあります。ＪＩＣＡ事務所の人員にも限りがあり、現行の人員で各プロジェクトの成果を最大化するためにも、ナショナルスタッフの潜在能力の開花を後押しすることは、国際協力を行ううえで最重要課題のひとつです。

金ちゃんを信頼して仕事を任せつつも、日本やＪＩＣＡの立ち位置ではどう考えるのかをよく知ってもらうためには、彼からの信頼を得る必要があります。ナショナルスタッフから見れば、我々日本人スタッフは三年程度で日本に帰る人たちです。母国をよりよくしていきたいと考える金ちゃんの想いを受け止め、私自身もガーナにとっての理想的な姿を十二分に理解して自分事として取り組み、その姿勢を見せていくことが重要です。

私がとくに大切にしていたのは、徹底的に意見を出しあうことでした。ガーナ人はよくしゃべります。本当によくしゃべります。小さな意思決定であっても、かならずお互いの意見を出しあい、意思決定した際はその背景を伝えるようにしていました。すべてはガーナをよりよくするために、徹底的に情報を収集し、自分の意見を持ち、関係者と議論をする。私自身、英語は達者ではなく苦手意識をもつ部類の人間なのですが、こういった姿勢は言葉を越えていくのだと、本書を執筆しながら気づかされています。

〈プロフィール〉
左近 文子（さこん・ふみこ）。一九九二年生まれ。開発経済学を学び、二〇一七年入構。青年海外協力隊事務局、ガバナンス・平和構築部を経て、二〇二一年七月よりガーナ事務所赴任。二〇二二年二月より対公務員研修センター協力を含めたガバナンスおよび広報・教育・研修・AfCFTA連携にかかわる事業を担当。現在はふたたびガバナンス・平和構築部にて税関・ガバナンス・財政分野の事業を担当。業務の傍らガッツとよばれるフライングディスク競技の日本代表として世界大会に出場し優勝。

日本

4 幻の魚の釣り方を一緒に考える、新しい研修のかたち

#資源・エネルギー　#国内事業　#研修

関　一樹

「関さんがこれまでいちばん多く出張した国はどこですか?」

ＪＩＣＡを志望する就活生と面談をするとこのような質問をたびたび受けます。みなさんの頭の中には、「ＪＩＣＡで働くことになったら、いったいどんな国に行けるのだろう」「どれぐらいの頻度で海外に出張するのだろう」というワクワクがあることは、そのまなざしから痛いほど伝わってきます。しかし、意地悪な私はいつもその期待を裏切ることにしています。

「ＦＵＫＵＯＫＡですね。多い時は一年に五回、六回出張で行っていました」

「え、「福岡」ですか。ＪＩＣＡって国内出張もあるのですか」

「あります。あります。国内出張だけでなくて、各地域にあるセンター業務というのもあります。北は北海道、南は沖縄まで。私は現在所属するコンゴ民主共和国事務所の前は横浜センターで勤務していました。海外での仕事だけがＪＩＣＡの仕事の醍醐味《だいごみ》ではないですよ」

みなさんもＯＢ・ＯＧ訪問に来た気持ちで、ちょっと私の話を聞いていってください。

本邦研修、それは「釣り教室」

私がＪＩＣＡに入構して、一番多く関わってきた協力メニューが、「本邦研修」と呼ばれる日本国内での協力です。

「本邦研修」はＪＩＣＡが実施する協力の三本柱のひとつである「技術協力」のひとつで、主に開発途上国の政府機関の実務者を対象にしたプログラムを日本国内で提供しています。「本邦研修」のうち、日本での滞在期間が一年未満のものは「短期研修」、一年以上のものは「長期研修」と呼ばれています。

「短期研修」は、特定の分野に関する優れた経験・知見を有する個人や団体の協力を得ながら、開発途上国で同様の業務にあたるカウンターパートを対象に技術移転を行うものです。内容や連携する組織・団体は多岐にわたり、たとえば、私が所属していた横浜センターでは、横浜市水道局と連携した上下水道の維持管理の研修、海上保安庁と連携した救難や防災の研修など多種多様な研修を実施しています。

「長期研修」はいわゆる留学にあたるもので、日本の大学及び大学の先生と協力して実施しています。特定の開発課題において、将来各国のリーダーとなりうる人材の修士・博士取得をサポートしており、実際に日本に留学したカウンターパートが自国でその分野の第一人者となっているケースも少なくありません。

日本の国際協力の特徴としてよくあげられるのが、老子の言葉を引用した「魚を与えるのではなく、魚の釣り方を教える」という表現です。モノをあげるだけでは付け焼き刃の対処だが、実際に自分でモノを生み出す力を身につけさせることで持続性が生まれるという考えを表しています。日本の開発協力では、「自助努力に対する支援」という言葉で表現されることもあります。

本邦研修は、まさにこの日本の国際協力の特徴を詰め込んだ協力メニューであるということができます。たとえば私たちの生活に不可欠な電力を安定的に供給するために必要な発電所の維持管理の研修では、日本の電力会社が培った、発電所を長く安全に利用するためのノウハウをカウンターパートに座学や視察などを組み合わせて紹介します。研修員の皆さんは最後に、そこで学んだ技術を自国でどのように活用できるかを考え、活動計画を作成します。まさに「魚の釣り方を教える」典型的な研修例です。

各国が抱える課題の解決策を日本から学び、議論し、検討する本邦研修は、日本国内で行われるプログラムでありながら、もうひとつの国際協力の「現場」とさえ呼ばれています。

釣り方を知らない私の仕事

本邦研修に関心を抱きはじめた就活生は、「では、関さんは本邦研修でどんな仕事をしていたのですか？　何か教えるんですか？」と質問されるに違いありません。

ここで皆さんにもっとも強調したいことは、私は、特定の分野に関する優れた経験・知見を有する個人ではないということです。私は大学院で工学修士を取得しましたが、その後すぐに新卒でＪＩＣＡに入構しました。そのため、私が自国からはるばる日本に来た研修員の皆さんに、何か特別な技術（魚の釣り方）をお伝えすることはできません。

そんな私の最初の仕事は、より魅力的な「釣り教室」をデザインすることです。学校での授業を想像してみてください。毎日、机に向かって先生の板書を写すだけの授業と、クイズがあったり課外活動があったり、友達との討論があったりする授業の、どちらを皆さんは受講したいでしょうか。少なくとも私は後者を選びます。

次の仕事は、デザインした研修が絵に描いた餅にならないように、研修を実現することです。その中でとくに重要なことは、私が多様な関係者との結節点となることだと考えています。実際に技術を有している講師と研修員をつなぐだけではありません。旅行会社や通訳、病院、時には地域の人々とコミュニケーションを取りながら研修の準備を進めていきます。何時間も、遠いところであれば二〇時間以上かけて日本に来る研修員が、少しでも有意義なプログラムを受講でき、かつ日本での滞在を安心して過ごせるように関係者と協働して準備するのが、本邦研修における私の大きな仕事です。

WIN-WINな研修――「資源の絆」

私が新人時代に担当し、留学生や大学の先生と意見交換をしたり、研修状況をモニタリングしたりするために九州へ何度も出張した「資源の絆《きずな》」プログラムは、まさにJICAにしかデザインできない「釣り教室」といえます。

これは、鉱業資源の豊富な国から留学生を受け入れ、日本が培ってきた鉱業開発の技術や政策を学んでもらうプログラムです。

開発途上国にとって鉱物資源の開発は、短期間で大きな成果が得られる可能性を秘めている強力な産業です。しかし「資源の呪い」という言葉があるように、豊かな資源を適切に開発することは容易なことではなく、逆に資源開発に依存することで経済成長が鈍ることさえあります。資源国が持続的に成長するためには、地下に眠る鉱物を的確に見つける力、開発を適切に規制しコントロールする力、鉱物資源開発に必要なインフラ（電力や道路など）を計画的に整備する力など多面的な経験と知見が必要なのです。

他方、日本はかつて国内で何千もの鉱山を開発し、工業化による経済成長を実現、その中で資源探査、鉱害対策などといった知見を獲得しました。

しかし、現在では国内の鉱山のほとんどが閉鎖され、多くの資源を輸入に頼っています。日本のような資源輸入国にとって、多くの国で鉱山開発が進展し、持続的かつ安定的に鉱物資源が確保されることはとても重要なことなのです。

そこでＪＩＣＡは、鉱業の研究を行う大学や研究機関、鉱業開発を担う政府機関や民間企業と連携し、「資源の絆」プログラムを開始しました。このプログラムでは資源国からの留学生が大学で研究を行いながら、日本の強みである鉱業開発に関する高い技術や行政経験を、インターンシップ等を通じて学ぶことができます。

これは見方を変えれば、受け入れる日本にとっても大きな魅力のあるプログラムです。たとえば、政府や日本企業にとっては、資源を輸入する相手国の行政官と人的ネットワークを形成する機会となります。大学や研究機関にとっては、日本国外にフィールドを持つことができ、研究をさらに発展させることができたり、世界の舞台で活躍できる研究者を育成することもできたりするようになります。

「資源の絆」という釣り教室は、開発途上国が鉱業開発という魚の釣り方を学ぶだけでなく、技術を共有する側である日本が、必要不可欠だが日本にはいない魚（資源）を得

「資源の絆」10周年イベント。在学生、卒業生、大学、民間企業等約150名が参加。JICA理事長は資源の絆を長期研修の成功例だと紹介し、帰国後もJICAと研修員との“絆”を保ちつづけると述べました。

るために必要なパートナーとなる国々との「絆」を形成することを目指しています。繰り返しになりますが、みんなにとってうれしい「釣り教室」をデザインできるか、そのために必要な関係者を結ぶ結節点となれるかが、国際協力の仕事の醍醐味なのです。

「釣り教室」の限界

日本の国際協力の十八番《おはこ》である「魚の釣り方を教える」ですが、これには限界があることについても、嘘《うそ》がつけない私は皆さんに包み隠さずお伝えします。その手法に限界があるというよりは、そもそもこの世には誰も釣り方を知らない魚がたくさん存在し、それが世界的に無視できない存在となってきたと表現するほうが正しいかもしれません。

現在、我々は気候変動や経済格差、ジェンダーなど、さまざまな地球規模の課題に直面しています。これらは日本が、そして世界がいまだにこれといった解決策を見出《みいだ》していない、いわば釣り上げたことのない「幻の魚」です。そしてこれらの課題は、先進国よりも途上国により大きい影響を与えることが知られています。国際協力はもちろんこれらの課題にもアプローチすることが求められていますが、先進国も試行錯誤している問題に対して、何かを教えるということはとても難しいことなのです。

共に幻の魚を狙う

「本邦研修が、それらの課題に対してできることはないのか?」

この問いこそが、我々の現在の大きなチャレンジです。まだ私の中ではっきりとした答えは見つかっていませんが、ヒントとなるかもしれない経験を皆さんに紹介します。

私が横浜センターで研修を担当していた際に、以前所属していた(現在の)社会基盤部資源・エネルギーグループからこんな相談を受けました。

「新しく各国の財務省のハイレベルをターゲットにした研修を作りたい」

「財務省ですか？」

これまでエネルギー分野の研修は、電力を維持管理している電力公社や、エネルギーに関する制度や戦略を策定するエネルギー省を対象とするものがほとんどでした。しかし今回は、一見エネルギー分野と直接関係のない財務省の管理職（意思決定者）を対象とする研修を作りたいというのです。それは、従来の日本から途上国へ教える「釣り教室」型の研修ではないことは明らかでした。

現在、発電の分野では、行政と民間が連携した開発が主流となっています。これは公的な資金だけでは開発できないという事情の他にも、民間も巻き込むことで競争の原理が働き、電力価格を抑えることができるというメリットがあるためです。

しかし、大きなデメリットとして、初期投資が大きい、または開発まで長時間を要する大型水力発電や地熱発電といった電源には民間からのお金が集まらず、開発が進まないということがあげられます。

水力発電や地熱発電は、自然の力を利用したクリーンなエネルギーであるとともに、天候の影響を受ける太陽光や風力発電といった電源よりも安定して発電できる、とても魅力的な発電方法です。しかし公的資金よりも民間資金の割合が大きくなっている現在、太陽光発電や風力発電と比べて、初期投資及び開発リスクが大きく、実際に発電できるようになるまで時間を要するこれらの発電方法は、民間企業にとってあまり魅力的なビジネスではないのです。

これは、公的資金での電源開発が主流だった数十年前まではなかった、新しい課題（幻の魚）です。もちろん、日本の地熱発電所や水力発電所の多くは過去に公的資金で開発されているため、日本が特別な経験や知見を有しているわけではありません。

この課題に対して、ＪＩＣＡの資源・エネルギーグループと横浜センターは地熱発電にターゲットを絞り、完全ワークショップ型の研修「地熱開発における投資促進」を新規に形成することにしました。この研修のコンセプトは「どうしたら民間資金を集められるか」を、資金集めの制度や法律を整備する財務省の管理職を各国から集めて議論する場にするということです。

そこから、資源・エネルギーグループと横浜センターの間で作戦会議が始まります。

ポイントはもちろん「日本が特別な経験や知見を有していない」本課題に、ＪＩＣＡがどのようにアプローチするかです。

「海外からの講師をメインとする研修にしたい」

そう言ったのは、資源・エネルギーグループの杉岡学専門員でした。杉岡専門員はこれまでＪＩＣＡが実施する数多くの地熱発電プロジェクトに関わった実績を持つ方で、当時はＪＩＣＡが実施する地熱発電や水素エネルギーの活用のプロジェクトに対するアドバイザーを務めていました。

「民間資金集めに成功して地熱発電を開発した国に、たとえばフィリピンがある。そういう国の経験を他国に共有して、そのあと参加者同士で議論してもらえばいい。日本人講師にこだわる必要はないのではないか」

ＪＩＣＡは長年の協力の結果、国内だけでなく、国外にも豊富な地熱ネットワークを有しています。それを最大限使おうというのが、杉岡専門員のアイディアでした。

本邦研修は基本的には日本が途上国に教える「釣り教室」型が前提の制度のため、海外講師を呼ぶ例は多くありませんでした。ましてや海外講師を中心としたデザインの研

「地熱開発における投資促進」の様子。マイクを持っているのは参加者の議論をまわす杉岡専門員。

修など前例がありません。

しかし、私はこの「有意義な非常識」が大好きです。「前例がなくても、必要なことなら実現したい。前例がなければ作ってしまえばいい」。そんな気持ちでこの研修の準備にいそしみました。結果的に本研修では、民間資金での大型地熱発電の開発に成功したフィリピンとコスタリカ、ＪＩＣＡと同様の開発機関であるアフリカ開発銀行からの講師を呼ぶことに成功しました。

もちろん日本からのインプットがまったくなかったわけではありません。途上国での発電ビジネスの展開を目指す日本企業、開発機関として地熱発電開発への融資が可能な我々ＪＩＣＡ

も登壇し、それぞれの立場から地熱発電に資金を出すうえでのハードルと、それを乗り越えるために各国政府に期待することを研修内で共有しました。

たった数週間の議論で「幻の魚の釣り方」が発明されるわけではありません。しかし、この研修は、日本が途上国へ教えるという「釣り教室」型ではない、「幻の魚」を求める新しい本邦研修の原型になりえるのではないかと密《ひそ》かに企《たくら》んでいます。

本邦研修の英語訳

もちろん「釣り教室」型の研修が必要なくなったわけではありません。どのような課題も、基礎的な知識や経験がなければ、応用問題を解くことはできません。日本から途上国に伝えられる「魚の釣り方」はまだまだあります。

しかし、日本から途上国への一方通行な学びではなく、多様な参加者を結び、共に学びあい、刺激しあうような場をＪＩＣＡの本邦研修は目指しています。

ＪＩＣＡの本邦研修の英語訳は Training（トレーニング）ではありません。参加者と共に知見を創り上げるプログラム「Knowledge Co-Creation Program」と呼んでいます。

これからも既存の形にとらわれず、「有意義な非常識」に挑戦していきます。

〈プロフィール〉
関 一樹（せき・かずき）。一九九一年、埼玉県生まれ。東京工業大学修士課程（金属工学）を修了し、二〇一八年入構。現在の社会基盤部資源・エネルギーグループにて、長期研修プログラム「資源の絆」を担当。二〇二〇年から横浜センター研修業務課へ異動。海上保安、エネルギー、都市開発などさまざまな分野の研修を担当。現在は、コンゴ民主共和国事務所にて事業総括を行っている。

コラム①　ODAの歩みとこれから――変わらないもの、変わっていくもの

二〇二四年、日本のODAは七〇周年の節目を迎えました。

この間、国際社会が掲げる共通の目標を達成するため、日本のODAも着実に貢献してきました。近年の実績をSDGsに照らして見てみても、たとえば、二〇一五～一七年度の二年間で、一五〇〇万人以上の子どもたちに質の高い教育環境を提供しました（ゴール4「質の高い教育をみんなに」）。一九九九～二〇二一年度にかけての給水設備の支援では、八四〇〇万人が安全な水にアクセスできるようになりました（ゴール6「安全な水とトイレを世界中に」）。そして二〇一一～二〇年度には、洪水制御などの有償資金協力事業により三八〇万人を超える人の命を守ることができたと評価されています（ゴール11「住み続けられるまちづくりを」）。

反対に、二〇一一年の東日本大震災の際には、約二〇〇を数える国・地域・国際機関から支援物資や支援金・義援金などが日本に届けられました。日本と国際社会の関係づ

くりにおいても、ODAの取り組みの積み重ねが日本への信頼を高め、いざというときに助けあえる関係づくりに貢献してきたといえるでしょう。

このように、長年にわたって続けられてきたODAのこれからは、どうしていくのがよいでしょうか。直接携わってきた人たち、そばで支えてくれている人たちが大事にしてきた「変わらないもの」は何なのか。世界の変化のなかで未来のために「変わっていくもの」は何なのか。この問いは、JICAで働く一人ひとりが仕事をしながら考えているテーマでもあります。ここでは少し、私が感じていることをご紹介させていただければと思います。

変わらないもの。それは、ODAのココロだと思います。つまり、日本のODAが大切にしてきた姿勢、具体的には「人を大切にする」という精神です。これを表すキーワードとして、「現場主義」と「人間の安全保障」の二つがあります。

一つめは、「現場主義」です。ODAを通じてこれまでに、累計約四万七〇〇〇人のボランティア（海外協力隊）が開発途上国の赴任先で活動しました。相手の政府や行政機関の人たちと膝を突き合わせて技術や知見を伝えるプロジェクト専門家として、累計

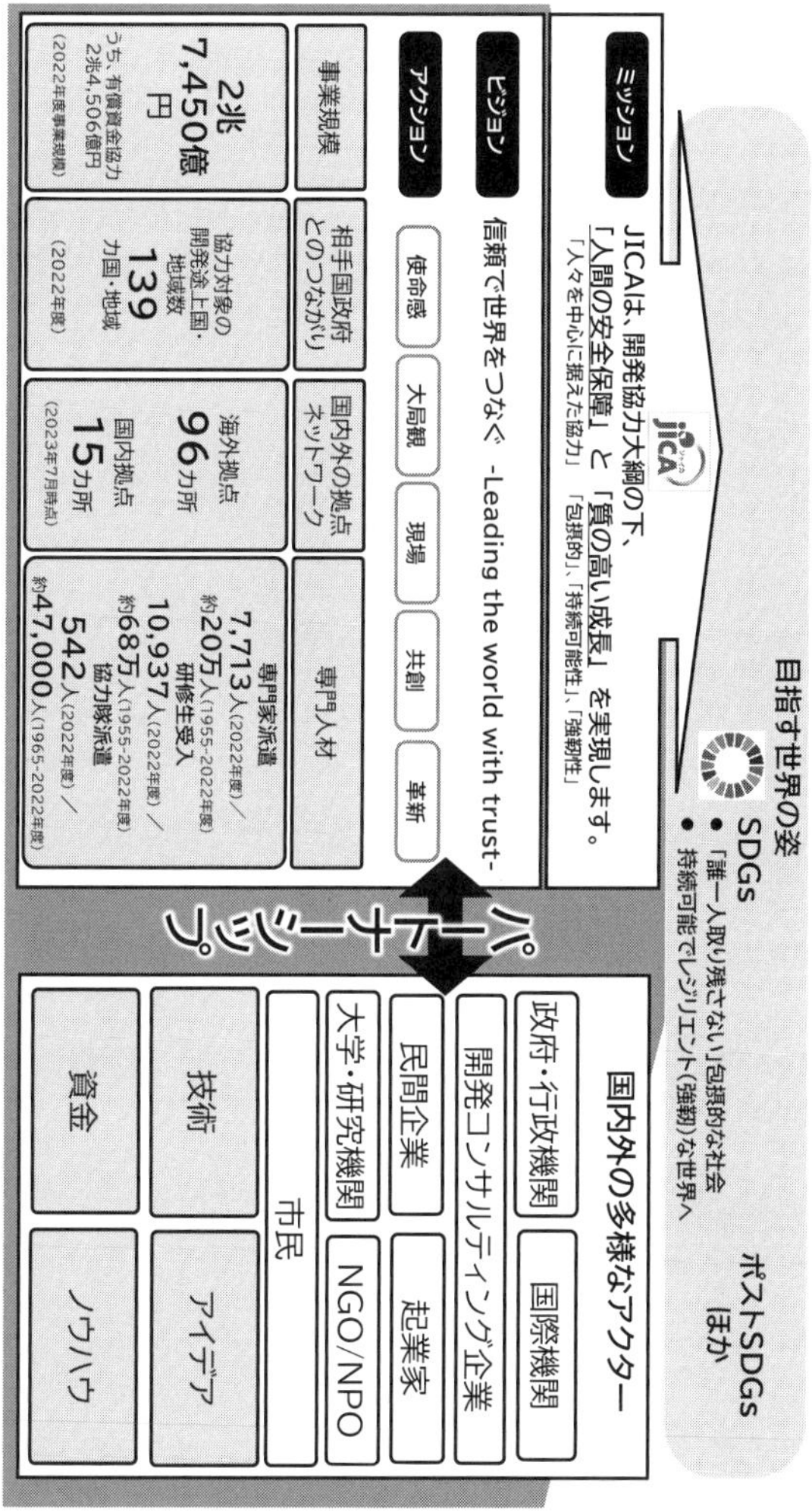

JICA の理念と活動の特徴。

約二〇万人が現地を訪れました。もちろんＪＩＣＡ職員も、現場を知る努力を忘れてはいけません。新卒職員は一～二年目で「海外ＯＪＴ」という研修プログラムを通じ、いち早く開発途上国の現場を経験します。困ったときに相談できる、一緒に悩み、考え、行動する。現地の機関にお金だけ出してすべてお任せするような支援の方法もあるなかで、日本の協力が期待され、信頼されてきた理由は、それぞれの「現場」で、相手に寄り添い、向き合ってきた「人」の存在なのではないかと思います。

もう一つが、「人間の安全保障（Human Security）」です。いま世界にある貧困、紛争、気候変動、感染症などの課題は、国家の枠組みを超え、人びとの命や生活を脅かしています。「人間の安全保障」とは、人を中心に据え、人びとがこれらの脅威から命や暮らし、尊厳など、かけがえのないものを守るため、人びとや社会が着実に力をつけていくことを重視する考え方です。

国連の「人間の安全保障委員会」は、二〇〇一年に日本の提案で創設されました。この共同議長だった緒方貞子《おがたさだこ》さんが、そののちＪＩＣＡの理事長に就任されてから二〇年以上が経《た》ちます。ＪＩＣＡは今、「人間の安全保障」をミッションのひとつに掲げる世界で唯一の開発協力機関です。「人間の安全保障」の考え自体はこれからも進化していくと思いますが、大切なのは、日本の国際協力が人に焦点をあて、あらゆる人が尊厳をもって生きられる世界を目指していくんだ、という力強いメッセージを未来に継承していくことでしょう。

他方の、変わっていくもの。それは、ODAのカタチだと思います。国際情勢が変動するなかで、日本と世界、日本と開発途上国との関係もどんどん変化しています。かつては「技術といえば日本だ！」と世界から注目され、日本がもつ知恵や技術をそのまま伝えることが重宝される関係が成り立っていたかもしれません。しかしこれからは、日本も、すさまじいスピードで発展する開発途上国から学んだり、一緒に新しい未知の課題に挑戦したりする、水平的なパートナーになっていくでしょう。

今、日本から開発途上国に流入する資金のうちODAが占める割合は一〜二割にとどまっています（財務省、二〇二二年度統計）。これからは、民間企業による投資・ビジネスの展開を中心に、多様なパートナーが開発途上国において活動を広げられるよう、橋渡し・触媒としての役割がますます求められていくことになります。JICA職員が掲げる五つのアクション（図「ＪＩＣＡの理念と活動の特徴」）のうち、「共創」と「革新」は、このような背景から近年ますます強調されるものです。

このように、ＯＤＡのカタチ、すなわちＪＩＣＡのアプローチやビジネス（事業）モデルは、社会や時代の求めに応じて、これからも変化していく、いや変化しなければならないものでしょう。

目指す世界の姿に対して、日本のＯＤＡが、ＪＩＣＡが、どのように「変わり」、また「変わらない」のか。国際社会における日本への信頼や期待を育んできたのは、これまでの活動のどのような側面なのか。本書で語られる、国際協力における「人」を描いた物語の一つひとつを、こうした視点で味わいながら、ぜひ私たちと一緒に考えてもらえればうれしいです。

バングラデシュ

5 住民の声を聞く、気候変動・防災対策

#気候変動・防災
#インフラ整備
#有償資金協力

伊藤大介

自然災害大国 バングラデシュ

バングラデシュ、という国名を聞いてどのようなイメージが湧きますか？

南アジアの貧困国。隣国のインドと同じように人口増加が進み、縫製業がさかんで経済成長が堅調な国。イスラム教徒が多い国――。バングラデシュに行ったことがなくても、学校の授業やニュースを通してこのようなイメージを持っている人は少なからずいると思います。

バングラデシュは、アジアのいわゆる「開発途上国」の代表的な国のひとつです。私たちが着ている衣類はバングラデシュ産も多く、日本からは多くの中古車を輸出するな

ど、バングラデシュは皆さんが思う以上に日常生活で日本と強く結びついています。二〇二三年には、バングラデシュの首都ダッカと東京を約七時間で結ぶ直行便が就航するなど、今後ますます両国のビジネスや人の往来が活発になることが期待されています。

私は二〇二一年六月から約三年間、このバングラデシュに駐在しました。たくさんのバングラデシュ人と公私の交流を行うなかで、文化的な価値観（伝統音楽や舞踊がどことなく日本と似ている）や食文化（お米が主食で、一人当たり消費量はなんと世界一！）、働き方や家族観など、日本に類似した点が多くあることに気がつきました。

とくに似ていると感じたのは、自然環境についての考え方です。じつは、日本もバングラデシュも、世界有数の自然災害大国。災害の頻度や規模に違いはあるものの、地震も洪水も台風（バングラデシュでは「サイクロン」とよびます）も日常的に発生します。なので、バングラデシュ人は、自然は人間が制御できるものではなく、むしろ人間がその環境に適応し共存するものと考えています。

たとえば、バングラデシュの洪水が多発する地域では、洪水によって上流から供給される肥沃な土壌を活用した稲作、季節の変わり目の祝祭、自然や農村の風景、美しい自然の中の人々の豊かな生活を表現した音楽や絵画、詩歌がたくさんあります。バングラデシュの国歌の作詞者でもある著名な詩人のタゴール（Rabindranath Tagore：1861–1941）も、この地域の自然と人間、神との調和をモチーフにした作品「Gitanjali」で一九一三年にアジア初のノーベル文学賞を受賞する快挙を成し遂げています。一方、私たち日本人も自然と調和し共生する価値観を長い歴史をかけて育んできました。四季の特徴を取り込んだ建築や庭園、自然との一体感や自然の恵みと哀愁を詠《うた》う詩歌などさまざまな形で表現し、社会と文化・芸術を形成してきました。どうでしょう、日本人とバングラデシュ人、自然に対する考え方がどことなく似ていると思いませんか？

一九七一年に当時のパキスタンから独立を果たしたバングラデシュの国創りと開発の歴史は、貧困削減と経済成長という面でその多くが語られています。しかし、その裏には、日本のように防災の知見がある世界各国の協力のもと、自然と共生するための自然災害対策を行ってきた歴史があるのです。

バングラデシュに忍び寄る気候変動の脅威

バングラデシュの災害リスクは世界的に見ても非常に高く、中でも気候変動の影響を大きく受ける自然災害においては、世界で七番目にリスクが高い国として位置づけられています。

このためバングラデシュでは、気候変動は将来の国家存亡の危機にかかわる最重要課題のひとつとされています。国内の気候変動対策のみならず、温室効果ガスの削減といった国際的な気候変動対策の今後の動向にも、バングラデシュでは強い関心が寄せられています。

では、なぜバングラデシュはこれほどまでに気候変動に脆弱《ぜいじゃく》なのでしょうか。これには地理的な要因が大きく関連しています。

バングラデシュは、インドを上流とするジャムナ川、パドマ川、メグナ川といった世界的な大河川の下流部に位置しています。国土の大半は、これらの河川が形成する世界最大の三角州（デルタ）地帯に広がり、そのほとんどが標高一〇メートル以下の低平地です。気候は、南アジアの雨季と乾季が明瞭なモンスーン気候。年間降水量の八〇％以上が雨季に集中するため、毎年洪水が発生し、国土の二〇％以上が浸水する年もあります。さらに乾季の始まりと終わりには、沿岸部を中心にサイクロンによる風水被害が発生します。

加えて、昨今の気候変動の影響によって、インド洋の海水面上昇や、雨季の降水パターンの変化によるサイクロンや洪水の増加や激甚化が予想されています。これらは土地や資産の損失といった被害をもたらし、バングラデシュの国内総生産（GDP）を年間一・三〜二・〇％押し下げ、貧困層の拡大が懸念されています。

このような状況下で、バングラデシュや途上国の多くは「気候変動は、一九世紀からの工業化・近代化で経済成長を遂げた先進国によって引き起こされた国際問題であり、現在経済成長中の多くの途上国の成長の障壁になっている。したがって、途上国の気候変動対策も、先進国からの支援を受けながら連携して進めるべきだ」という意見を持っています。この姿勢の表れとして、バングラデシュは国連気候変動枠組条約（UNFC-CC）の締約国会議（COP）に併設して開催される気候脆弱性フォーラム（CVF）において、二度目となる議長国を二〇二〇年から二年間務めました。このような国際会議の場において、バングラデシュ政府は自国の気候変動対策および防災対策や、直面している課題を国際社会に発信し、外交的な存在感を高めています。

洪水を含む風水害は、バングラデシュの自然災害の中でもとくに気候変動の影響で将来の被害が大きくなると懸念されています。本章では、私が取り組んだバングラデシュ北東部にあるハオール地域とよばれるエリアでの洪水対策・生計向上支援のプロジェクトを紹介したいと思います。

洪水と共に生きるための災害対策

バングラデシュの北東部に位置するメグナ川上流には、「ハオール」とよばれる標高三〜五メートルの大きな沼地のような低湿地帯が広がっており、雨季には約八六〇〇平方キロメートル（東京都、埼玉県、神奈川県を合わせた面積よりも広い）の盆地全体が水没します。ハオール地域は当国における米生産の二割弱を担う食料基地ですが、その収穫期（三〜五月）に襲来する突発的な洪水（フラッシュ・フラッド）による被害が頻発しています。二〇一七年の大洪水では国土の約四二%が浸水し、作物に大きな被害が生じ

同じ場所から撮影した、ハオールの雨季（上）と乾季（下）の全景。

た結果、政府は米を緊急輸入するなど、バングラデシュの食料安全保障は洪水被害と隣りあわせです。また、ハオール地域の人々は主な収入源を米の一期作に依存しているために住民の生計は不安定で、ハオール地域はバングラデシュにおいて貧困率が高い地域のひとつとなっています。

各ハオールは、潜水堤防とよばれる高さ約一〜二メートルの低い堤防によって囲われています。潜水堤防は、フラッシュ・フラッドがハオール内部に広がる水田へ流入するのを防ぐことで収穫前の稲への被害を防ぎますが、雨季の六月以降には堤防上部を越えて水がハオール内部に流入します。流入後は、乾季の間にハオール内部の水辺で育てていた稚魚が放流され、米を栽培していた農家は漁師に早変わりして、漁業に従事します。まさにハオール地域は、人間が雨季と乾季の劇的な自然環境の変化に適応する形で、農業から漁業、漁業から農業、とライフスタイルを変化させて生活を営んでいる地域なのです。

このように私たち人間は柔軟に雨季と乾季の変化に適応することができますが、インフラ構造物の潜水堤防は、そうはいきません。「堤防が半年間も水没するなんて言語道断。一度越水、破堤してしまうとその箇所の堤防は使えなくなる」というのが一般的な河川技術者の考え方です。しかし、ハオール地域は世界的にも類を見ない特殊な自然条件下にあり、堤防自体が半年間も水没することや、波浪などによる浸食の影響で損傷しやすいことで、河川技術者にとって世界最高難易度といっても過言ではない大変難しい技術的な課題となっていました。

この課題に対して、JICAはバングラデシュ政府の河川管理を担う水資源開発庁(Bangladesh Water Development Board: BWDB)と有償資金協力(円借款)「ハオール地域洪水対策・生計向上事業(以下、プロジェクト)」(二〇一四~二四年、総事業規模約二六〇億円)を実施し、各ハオールの自然特性に応じた潜水堤防の整備とハオール地域の生計向上を通じた貧困削減に取り組みました。

日本とバングラデシュの協働で災害リスクを低減

このプロジェクトを実施するなかで、潜水堤防の整備にあたり、主に二つの大きな課題に直面しました。

一つめの課題は、堤防の構造的な強化です。前述したとおり、潜水堤防は非常に特殊な自然環境下にある堤防のため、わずか数年間しか耐久性がありません。プロジェクト開始当初は、BWDBが従来採用していた標準設計で潜水堤防を建設した結果、二～三年後には全体の約二～三割もの潜水堤防が何らかの修復が必要になるダメージを受けていました。BWDBが応急手当の補修工事を予算が付く限り行ってくれていたものの、次の洪水時期に大きなフラッシュ・フラッドが発生すれば同じ箇所がふたたび損傷してしまうため、何らかの対策や既存の堤防整備の方法の改善が必要でした。

ところが、改善の検討過程で、日本側とバングラデシュ側で潜水堤防に対する考え方の大きな違いがあることが明らかになりました。それは、堤防の耐久性に対する認識の違いです。日本側は、

「堤防は耐用年数が数十年の長いインフラ」

と考えていた一方、バングラデシュ側は、

「潜水堤防の耐用年数は、せいぜい数年もてばよいほうで、壊れてしまうのは仕方がないし、壊れたら頑張って予算を捻出して修復を行えばよい」

という考え方でした。

しかし、ＢＷＤＢの予算は有限です。限りある予算を壊れた潜水堤防の修繕に充ててしまうと、他地域で必要な新規の堤防を整備する予算がなくなってしまいます。仮に新しい潜水堤防が整備できたとしても、それがすぐに壊れてしまうようでは、潜水堤防が増えれば増えるほど修繕に必要な予算も雪だるま式に増えてしまい、最終的には公共事業の原資を担う納税者である国民の負担が増えてしまうことになりかねません。

このような懸念をＢＷＤＢの技術者に伝えると、次のように返ってきました。

「ＪＩＣＡが言うことはもっともだが、ではどうすればよいのか？　ＢＷＤＢでは長年多くの技術者がこの地域のフラッシュ・フラッドと戦ってきたが、結局解決に至っていない。日本側で何かいいアイデアがあるのか？」

ＢＷＤＢからのこの質問は日本側にとっても非常に難しい問いでした。なぜなら日本にハオールのような自然環境はありませんし、同時にハオールの自然環境に適するような設計基準も日本にはありません。

この問いに取り組むために、プロジェクトではまずＢＷＤＢと日本の河川技術者（プロジェクト・マネジメントを行うコンサルタント）が、実際に壊れた堤防について、どの程度のダメージがあったのか、どの方角から川からの水が堤防に当たっているのか、河川の流路の形状や周囲の地形がどのようになっているか等を詳細に確認し、被害状況のカテゴリ分けを行う被害実態調査を行いました。

その結果をもとに、潜水堤防が壊れやすい場所を特定し、これまでどのエリアでも採用していた標準設計ではなく、想定される被害状況を考慮した「パイロット堤防」とよばれる新しい設計に挑戦しました。パイロット堤防では従来の堤防よりもコンクリートをより多く用いたり、堤防の斜面を植物で覆って耐久性を高めるなど、それぞれの箇所で想定される被害の程度に合わせたよりきめ細かな設計を行いました。さらに建設時においても、これまで人力で行われていた施工の一部に簡単な建設機械を導入し、堤防の盛り土の強度（締固め）をより強くする工法などを採用しました。

パイロット堤防の活動初期には、ＢＷＤＢの技術者も従来の設計にこだわり（プライド）があり、また新しい設計や工法を取り入れることでさらなる被害の拡大や予期せぬ影響があることなどを懸念して、保守的な見方をする人が多くいました。しかし、被害実態調査を通じて、堤防の損傷で建設後も多大な修繕費が生じていること、それに必要な予算が十分でない現状の課題を理解してもらうことができました。さらに、パイロット堤防のいくつかの設計が非常に有効に機能していることが明らかとなり、有効性が徐々に評価されるようになりました。本事業の後半では、整備した堤防が「ＪＩＣＡ堤防」とよばれるようにもなり、他の開発援助機関の新規事業でもこのパイロット堤防の設計が採用されるまでになりました。

「堤防が邪魔だ！」

二つめの課題は、信じられないかもしれませんが、住民によって堤防が壊される「パブリックカット」とよばれるトラブルが起きてしまうことでした。

前述の通り、ハオール地域に住む住民は、乾季は農業、雨季は漁業、といったように自然環境の変化に応じて生計手段を変化させています。また、雨季と乾季の変わり目には、河川からハオール、ハオールから河川へと、人の往来や収穫作物の運搬、漁業等の目的で頻繁に小さな船舶が往来します。とくに船舶の往来が多い場所では、河川とハオールを隔てている堤防が船の航行の邪魔になってしまうため、住民が勝手に潜水堤防を壊してしまい、自分たちにとって都合のいい航路を作ってしまうのです。その結果、住民によって壊された場所が雨季の際にフラッシュ・フラッドに対して脆弱な箇所になり、ハオール内の農作物に被害が及んでしまう問題がありました。

このようなトラブルが起きてしまう原因は、潜水堤防を整備するBWDBと住民たちの設計段階のコミュニケーション不足でした。それぞれの主張をJICAからヒアリングしてみると、

BWDB「せっかく堤防を整備したのに住民が勝手に壊して、雨季に被害が拡大してしまう。住民に堤防の重要性がなかなか伝わらないし、住民が何を考えてパブリックカットするのかわからない」

住民「BWDBが勝手に堤防を建設してしまったせいで、今まで使っていた航行ルートが使えなくなってしまい、生活が不便になってしまった」

このように、ＢＷＤＢと住民の意見は大きく食い違って、お互いを非難しているありさまでした。ＢＷＤＢは河川管理の専門集団なので、潜水堤防の設計は、おおむね河川の流路や地形、水文解析、氾濫解析の科学的な分析を基に設計を行っており、住民たちが潜水堤防周辺でどのような生活を行っているかを十分に考慮することができていませんでした。

潜水堤防があるおかげで住民の農作物を守れる一方、堤防があるせいで移動に不便を強いられるのも、同じ住民たちです。

住民に感謝される、持続的なよりよいインフラを整備するため、整備段階から関係住民の方々と頻繁にワークショップや住民説明会を実施しました。ＢＷＤＢからはなぜ潜水堤防が必要なのか、堤防があるとどのようなメリットがあるのかを説明し、住民にとって有益な事業であると理解してもらえるような取り組みを行いました。

同時に住民からどのエリアが航路としてよく使用されているのか、どのエリアが深刻な洪水被害を受けているのかを丁寧にヒアリングし、それらを潜水堤防の整備に反映さ

堤防の合間にある、船を通すためのコーズウェイ。(写真提供：BWDB)

せ住民のニーズと技術的な検討を掛けあわせました。こうして、航路としても重要かつ、洪水にも脆弱で守らなければいけない場所があった場合は、住民らの協力を得て、乾季は航路として使え、雨季は航路を土で埋め戻し堤防として機能させるコーズウェイとよばれる構造物を建設しました（写真）。

そして、住民自らがＢＷＤＢの技術的なサポートを得ながら「潜水堤防は住民たちの公共資産」というオーナーシップを持ってもらい、これらの施設をシーズンに合わせて維持管理を行う管理組合を形成することに挑戦しました。この管理組合の設立と運営については、単に住民に堤防の管理を依頼するのではなく、地域コミュニティとして受け入れられるようにさまざまな工夫を施しました。組合が使用できるコミュニティセンター（簡易的な集会所）も同時に建設し、組合が日々の総務や経理業務を行える執務室と、住民の方々が寄り合いを行えるようなスペースを用意したほか、農業や漁業に関する研修を行い、洪水対策事業と合わせて住民の生計向上を目指しました。

有事で試される信頼関係

二〇二二年六月二二日、このハオール地域を百年に一度の大洪水が襲いました、被災した住民は七二〇万人以上、経済損失額は六五〇億円に上る大災害でした。ＪＩＣＡの別のプロジェクト関係者もこの洪水で被災し、道路が冠水したため一時的に立ち往生する深刻な事態でした。

未曽有の災害に立ち向かうためにＪＩＣＡの他の事業で海上保安庁向けに整備した救助艇を被災地に派遣し、救援物資の運搬を実施するなどさまざまなプロジェクトと関係者を連携させて、バングラデシュ政府が中心となって緊急対応にあたりました。

被災後の被害実態調査では多くの潜水堤防の被害が確認されたものの、驚くべきことにJICAプロジェクトの潜水堤防では被害が出ませんでした。大規模な洪水被害が出てしまったことは間違いなく不幸でしたが、不幸中の幸い、と言っていいものか、これを機にJICA堤防の有用性が証明された形となり、他のハオール地域でも同様の事業実施の要望が多く挙がりました。JICAとしてもその期待に応えるために、現在は次のプロジェクトに向けたコンセプトづくりを進めています。

本事業を通じて、潜水堤防の強化が図られたことはプロジェクトに携わった身としてうれしく感じる一方で、諸手《もろて》を挙げて喜べなかったこともまた事実です。実際の災害を目の当たりにして、堤防のようなハード対策を十分に講じたとしても、その設計規模を超える災害はいつか発生してしまうと感じました。

そこで重要なのは、堤防などを設計したときの想定を超える災害への備えです。そのためには、災害情報発信や洪水予測などのソフト面での対策も有効です。次なるプロジェクトでは気象庁や地方自治体などの気象予報や災害予測、住民の避難支援や防災計画を策定する関係者とさらなる連携強化を図る必要があります。日本とバングラデシュの

NGOが連携し、フラッシュ・フラッドが発生する時期よりも早い時期に収穫ができる早期収穫米の品種改良を行うといった防災セクター以外の対策も考えられます。

気候変動と防災分野は、非常に多岐にわたる組織、技術者、有識者、そして実際に被害に遭うかもしれない住民の方々が、共通の問題意識と責任感を持って、ひとつの目標に向かって、お互いの強みを出しあい、支えあいながら持続的に取り組むことが重要です。

「災害は、忘れたころにやってくる」

皆さんも一度は耳にしたことがあろうこの言葉は、約一〇〇年前に発生した関東大震災で震災調査を行い、日本の防災研究の幕開けに奔走した物理学者の寺田《てらだ》寅彦《とらひこ》氏が残した言葉です。

ひるがえって、現代のバングラデシュや日本では、気候変動による災害の激甚化が懸念されるなかで、まさに〝忘れる間もなく〟、復興する間もなく、毎年どこかで風水害の被害が生じています。人口増加と経済成長が続くバングラデシュでは、今後ますます災害リスクが高まり、防災事業の難易度も上がっていくため、日本の防災ノウハウを活《い》かした継続した協力が必要不可欠です。
両国にとって、いい意味で〝忘れられない、語り継がれるプロジェクト〟を目指して、これからも日々の業務に取り組みたいと思います。

〈プロフィール〉
伊藤 大介（いとう・だいすけ）。一九九二年生まれ、三重県四日市市出身。大学時代は、地形・地質学を専攻。二〇一七年入構。ヨルダン事務所ＯＪＴでシリア難民支援に従事の後、資金協力業務部で最貧国向けの電力・港湾のインフラ整備事業担当（無償資金協力事業）を経て、南アジア部でバングラデシュの農業・運輸・上下水インフラ案件（有償資金協力事業）を担当し、二〇二二～二四年まで、バングラデシュ事務所で気候変動・防災事業に従事。

〈参考文献〉
Global Climate Risk Index, Germanwatch, 2021.

Bangladesh Delta Plan 2100, General Economics Division, Bangladesh Planning Commission, 2018. https://bdp2100kp.gov.bd/
Poverty Mapping of Bangladesh 2016, Bangladesh Bureau of Statistics, 2020.

管理部

6 国際協力の裏方で働くということ

#ミドルオフィスとバックオフィス

#有償資金協力事業を支える

休場優希

国際協力の「仕事」って?

JICAで働いていると、よく学生から「学校で国際協力について学んでいないのですが、それでも大丈夫でしょうか?」と尋ねられます。今でこそ「あなたが活躍できる国際協力の仕事はかならずあります。あとは、あなたが何をしたいか次第です」と答えている私ですが、学生のころには国際協力の現場だけでなく、それを裏方で支える仕事があることは知りませんでした。

この章では、国際協力の仕事の幅広さをお伝えするとともに、裏方から国際協力に携わる醍醐味《だいごみ》についてみていきます。

マラウイでティーンママと出会い、JICAへ

まずは、私がＪＩＣＡを志したきっかけについてお話しします。

大学三年生のとき、私はアフリカのマラウイという国を訪れ、一五歳以下で結婚・妊娠・出産を経験したティーンママたちと出会いました。若すぎる年齢での妊娠は身体への負荷が大きいだけでなく、本人が退学を余儀なくされることもあり、女の子の人生に大きな負担を課します。その背景には、貧困や女性の権利軽視などがあると言われています。

見た目はまだ幼いママたちが赤ちゃんをあやす様子を見て、「自分が一五歳のころは当たり前のように毎日学校に通い、自分のことに精いっぱいだった。どうしたらこの子たちや、この子たちの腕で眠る赤ちゃんが、生まれた場所に関係なく、それぞれが望む幸せをつかめるだろうか」と強く思いました。今でも私の原動力はこのときの気持ちです。その後、すべての人が健やかに生活できる社会を実現するための国際協力がしたいと考え、ＪＩＣＡにやってきました。

入構後はナイジェリアの担当になり、現地で送電線を建設するプロジェクトをはじめ、たくさんのプロジェクト形成に携わりました。現地にも何度も出張し、移動車内からナイジェリアの風景を見て、「きっとここにも（マラウイで出会ったような）女の子たちが暮らしている。この地にもっとインフラを整備すれば、女の子たちがもっと病院や学校に行きやすくなり、好きな仕事ができるかもしれない。もっと頑張らなくては」と思ったことを覚えています。

国際協力における裏方の世界へ

こうして充実した日々を過ごしていましたが、ＪＩＣＡでは人事異動が定期的にあり、とうとう私にもその番が回ってきました。

「あなたは来月から管理部に異動です」

上司からこう告げられ、正直とてもショックでした。

当時の私にとって、管理部は「裏方」というイメージでした。現場に赴き、自分で事業を作ることにやりがいを感じていた私にとって、「裏方」に入るのは、自分のやりがいが取り上げられたような気持ちだったのです。

地味にすごい！　カネの流れを管理する仕事

不安が消えぬまま、翌月から管理部で主に「円借款事業の債権管理」という仕事を担当することになりました。最初はどんなことをしているのかあまり想像できませんでしたが、次第にその凄《すご》さに気づきはじめました。

円借款とは、開発途上国で行う大規模事業（インフラ等）に対して必要な資金を長期・低金利で貸し付けるという協力の形です。返済のない無償資金協力と違い、少しですが利子がついてお金が返ってきます。

管理部の仕事は、この「お金を貸して、返ってくる」全体の流れを管理、モニタリングすることです。たとえば、借り手（開発途上国の政府や企業）とJICAの間で適切な内容の出資・融資契約書が、法的に問題のない段取りを経て締結されるようにサポートしたり、貸し付けに必要な書類のチェック、事務手続き、スケジュールの管理などを行っています。

ちなみにどれくらいの規模のカネを動かしているかといいますと、二〇二三年度にJICAが途上国に貸した額（円借款・実績値）は、約一兆九七四一億円。このすべてに私のチームが事務手続きを行っており、毎年約八〇〇〇から一万件の依頼書を一つひとつ確認しています。ここで管理部がミスをすれば金銭的損失が発生することもありえますが、それは公金を原資にしているJICAでは決して許されないことです。日々そのプレッシャーを感じながら、膨大なカネと書類を緻密かつ正確に管理しているチームの皆さんを見て、「この方々が欠けたらJICAの事業は成り立たない！」と尊敬の念を抱きました。

そしてさらに驚きなのが、これらの世界中からやってくる膨大な書類を、たった一〇人程度のメンバーでさばいていることです。まさに縁の下の力持ち、少数精鋭のアベンジャーズです。

事業においてカネは血液

管理部のこの膨大な仕事こそが、事業を成功させるカギであるということも、やがてわかってきました。

事業において、カネは血液にたとえられることがあります。人体において血液の循環が止まると死んでしまうように、事業においてカネの流れが止まってしまうと、事業の運営資金や、必要な設備を購入することができなくなり、最終的には事業自体がストップしてしまいます。また、カネが適切に使われているのか、貸したカネを回収できているのかを監視することも非常に重要です。適切に使われなければ狙った事業効果を出せず、カネを無駄遣いすることになってしまいますし、公金が原資となるＪＩＣＡ事業では日本国民にきちんと資金の使い道を説明できなくてはいけません。また、回収したカネは、膨大な途上国のニーズに応えるために次の事業に使うので、返ってこないと未来の事業にも影響を及ぼします。このように、適切なカネの循環はＪＩＣＡ事業全体の末永い成功のカギを握っているといっても過言ではないのです。

ナイジェリア担当だったころの私は、それをわかっておらず、事業を「作る」ことしか考えられていませんでした。しかし、管理部の仕事を通じて、作った事業を「成功させる」ことができなければ元も子もないこと、そのためにはカネを適切に管理しなければいけないのだということに気づきました。

国際協力の仕事を細分化する――フロント／ミドル／バックオフィス

さて、管理部のような国際協力の裏方仕事があることを知ったところで、国際協力の仕事全般を俯瞰《ふかん》してみましょう。

まず、国際協力において、現場の最前線を担う仕事は総じて「フロント」とよばれます。たとえば、紛争地で医療を提供する医者や、農村地帯で日本の稲作農業技術を教える専門家などが挙げられるでしょう。フロントでは、相手国や地域に関する知識、特定の分野にかかわる専門性、事業を円滑かつ適切に進めるためのマネジメントスキル等が求められます。私が一部署目で経験したナイジェリアの担当もここに含まれます。

しかし、先に紹介したように、国際協力はフロントだけでは成り立ちません。たとえば、フロント人材を現地に送るには、その人材の採用や、同人材を安全に現地に送るための準備などが必要です。そのようなフロント業務を後方からサポートする業務は「バックオフィス」とよばれます。

そしてフロントとバックの中間に立ち、事業の成果が最大限になるようにサポートする仕事は「ミドルオフィス」とよばれます。ミドルの仕事はさまざまで、事業のルールを定めたり、開発途上国の経済や金融市場をウォッチしたり、JICAの事業で自然環境や社会にネガティブな影響が出ないかをチェックしたりしています。今私が管理部で担っている業務もミドルといわれています。

ミドル・バックオフィス部門が担う業務は非常に幅広く、JICAでは経済、金融、財務・会計、総務、法務、設計・積算、安全・健康管理、調達、情報システム、人事等多岐にわたるスキルと経験を持った方々がたくさん活躍しています。その人数でいえば、フロントと同等、もしくはそれ以上かもしれません。

書類に不備が見つかった！

では、フロントとミドルは、どのように一緒に働いているのでしょうか。私が働く管理部の仕事を通して紹介します。

JICAの事業には、細かなルールがたくさんあります。たとえば、借入人《かりいれにん》（＝開発途上国）がＪＩＣＡに資金の貸し付けを依頼する書類ひとつをとっても、契約書で定められたフォーマットに沿って、決まった期日までに提出してもらわなくてはなりません。書類はまず現地で相手国の窓口となっているＪＩＣＡの海外拠点（通称在外事務所／フロント部門に分類される）が受け取り、在外事務所で中身を確認したうえで、本部にいる私の元に送られます。そこで重要な役割を担っているのが、各事務所で現地雇用されているナショナルスタッフです（以下、ＮＳ）。ＮＳはその国出身者が多く、その国の言語、慣習をよく理解していますので、相手国にとっては日本人職員よりもより身近な存在で、とても頼りにされています。ＮＳらが日々相手に貸付書類についてのルールを手ほどきすることで、ようやく書類が提出されます。

それでもなお、日本の一般的な商業慣習では想定できないようなことが日々たくさん起こります。書類の内容が間違っている、もしくは必要な情報が記入されていない、書類が現地語で書かれていて読めない、書類の提出期限が守られないというのは日常茶飯事です。相手国で突然大規模デモが起きて、書類作成が止まってしまった、なんていうこともあります。

ミスがあったなら直してもらえればいいと考えるかもしれませんが、その修正にはやはり時間がかかります。とくに途上国は行政手続きが十分に定まっていない場合も多く、修正に数週間~数カ月かかることもあります。その間事業において血液となるカネが止まってしまうわけですので、事業の遅延・停止を招き、事業の成功に悪影響を与えかねません。そうはいいつつも、ルールにはかならず定められた理由がありますから、なんでも許していいというわけでもなく、都度事情をふまえながら、JICAとして守るべきことをふまえ、フロント部門と一緒に最適解を模索します（このときにフロント・ミドル間で衝突することもあります）。

やり直してもらうことにしたときは、なぜやり直す必要があるのかを相手が納得するまで説明し、そのなかでお互いにとって何がベストかを見つけることを大切にしています。なぜなら、JICAから「ルールだからやって」と言われたら、相手国はきっと「JICAはルールばかりで、自分たちに何も決めさせてくれない。面倒だからもうJICAとは事業をやらないようにしよう」と思うだろうからです。説明と相談の手間を省かずに、真摯に向きあっていくことは、相手国と信頼関係を築くためには必要不可欠です。

こういったやりとりのため、NSとは日々何十通ものメールを交わします。東京と現地は距離が離れているのでなかなか顔を合わすことができないのですが、さまざまな困難を共に乗り越えていくうちに自然と絆《きずな》が芽生えます。セミナーでとある在外事務所に出張し、ようやく顔を合わせることができたときは、「やっと会えたね！　でもはじめましてという感じがしないね！」と盛り上がりました。なお、これまでNSらにとって耳が痛いことをさんざん言ってきた自覚があるので、嫌われているのではないかとじつは内心びくびくしていたのですが、「(あなたの立場上) 仕方ないのはわかっているよ」と言ってくれて、ほっとしたことを覚えています。

書類作りが国際協力になる⁉

一つひとつの書類と向きあっていくうちに、相手国もだんだんとJICAのルールに習熟していきます。ミスの件数はどんどん減り、その解消にかけていた時間と労力を他に活用するようになります。その結果、より多くの事業を実施できるようになったり、

在外事務所に赴いて債権管理業務に関するセミナーを開催した時の写真。日々の苦労話がたくさん聞けます（毎日政府の担当者に電話をかけてやっと必要な書類を提出してくれたことや、必要な書類を担当者がなくしてしまって、相手のオフィスの書類の山から一緒に探したけど見つからなくてゼロから作り直したなど）。

事業をより主体的に動かすことができるようになったりします。これはつまり、相手国側の事業実施能力が向上したということです。

こうなると、今までその国の行政能力を危惧していた民間企業や、ＪＩＣＡのような他の国際機関が、新たにその国に参入するかもしれません。そうすれば、やがてＪＩＣＡの支援に頼らず、自立して国を運営することができるようになるかもしれません。

このように、相手国で事業を行うことだけではなく、相手国が事業を実施・管理する能力を共に育てていくプロセスもまた重要な国際協力であると管理部で学びました。事実、JICAが長年協力してきたインドなどを見ると、現在では政府自身がかなり自立して事業を計画・実施している様子がうかがえます。JICAの先人たちの努力の賜物《たまもの》だなと感じるとともに、自分もこのバトンを次の地域へ受け継いでいかなくてはと感じます。

JICAと開発途上国のデジタル化と働き方改革を促進せよ！

最近は、今までの国際協力をがらりと変える新たな取り組みも始まっています。これまで相手国から紙で提出されていた依頼書類をすべてオンライン化させるシステムの導入です。このシステムを導入すれば、今まで借入人が紙を印刷し、JICAに送付し、JICA内で紙を取りまとめていた時間が大幅に削減されます。JICAだけでなく、相手国も含めたデジタル化の促進、働き方改革を進めるという超一大プロジェクトです。

しかし、途上国ではまだまだICT（情報通信技術）に不慣れな人も多く、デジタル化は十分に進んでいるとはいえません。そういった国々でシステムを使ってもらうには、NSと二人三脚で相手国政府にシステムの必要性を説明し、また使い方を一つひとつ指

パプアニューギニア財務省にて、新しいシステムの使い方を教えている様子。システムへのログインがうまくいかず、事務所員が毎日財務省に通い、5回目でようやくログインに成功しました。後日、その経験を踏まえて、NSが「Never Give Upの精神が大事だよ」と語っていたのが印象的でした。

導していく必要があります。デジタル化が国際トレンドとなっている現代において、その流れについていけるかどうかは相手国の未来を左右するといっても過言ではありません。目の前は大変な日々が続きますが、その先にあるよりよい事業、相手国の未来を見越して、現地事務所と二人三脚で全世界導入を進めています。

裏方を制する者は国際協力を制す

冒頭で述べたように、私は女の子たちが健やかに生きられる世界を作りたいという強い思いをもってＪＩ

CAにやってきました。だからこそ、管理部への異動は、彼女たちから離れてしまうようでとても不安でした。

しかし、今の仕事を通して、事業を成功させるにはフロント・ミドル・バックが協力し、それぞれの役割を全《まっと》うすることが大切であること、またそれを通じて相手国と向きあう日々もまた国際協力の現場であると学びました。また、ミドルオフィサーとして働くことによって、事業や国際金融のルールについてくわしくなれただけでなく、事業実施中にどのような課題が起こりうるのか、その解決のためには誰と、何ができるかを想像しやすくなりました。これは裏方を経験したからこそ身についたスキルです。この経験を活《い》かして、今後はまたフロント部門に戻り、自分のやりたいことをもっと突き詰めていきたいと考えています。

国際協力のキャリアを考えるとき、ぜひミドル／バックオフィス部門から国際協力の世界に足を踏み入れることも考えてみてください。そして、人生の長いキャリアの中で、ミドル／バックオフィス部門のような「裏方」を挟むことは、あなたがよりよい国際協力人材になるうえで絶対に損にはならないということを、最後に伝えて終わりとします。

〈プロフィール〉

休場　優希（やすみば・ゆうき）。一九九五年生まれ、神奈川県出身。横浜市立大学国際教養学部卒。二〇二一年に新卒入構。一部署目では地域部でナイジェリアの協力方針策定・案件形成を経験し、二〇二三年から管理部でアフリカとコーカサス地域の債権管理（円借款・海外投融資の法務・貸付実行事務）を担当。

スリランカ

7 対等な議論ができるカウンターパートと共に

#協力する相手を見つける

#地方産業の振興

#貧困削減

島田和輝

スリランカの内戦復興と貧困

「インド洋に浮かぶ真珠」とよばれるスリランカ。インドの南東に浮かぶ島国であり、面積は北海道より小さいですが、きれいなビーチや多様な動植物が棲《す》む熱帯雨林、そして標高千メートルを超える高地で視界いっぱいに広がる茶畑など、その魅力的な風景を求めて毎年多くの観光客が訪れます。また、「セイロンティー」の産地としてご存じの方も多いと思います。

一方で、一九八三年から二〇〇九年までの長い間、スリランカ国内では内戦が続いていました。多数派民族であるシンハラ人と少数派民族であるタミル人の間の争いであり、最終的にシンハラ人がタミル人勢力を制圧して内戦は決着したものの、タミル人が多く住む北東部を中心にインフラが破壊され、多くの住民が避難を余儀なくされました。

この内戦中や終結後には、多くの国際機関がスリランカの復興支援に取り組んでおり、ＪＩＣＡも二〇〇三年ごろから、「小規模インフラ整備事業」や「復興地域における地方インフラ開発事業」などを通じて道路や給水施設等のインフラの改修や新設を支援しています。

そして私がスリランカ事務所での業務を開始した二〇一九年には、スリランカの最大都市コロンボには高層ビルや高層マンションが立ち並び、一〇年前まで内戦が続いていたとは思えないほどに発展していました。

しかしながら、地方部の状況はコロンボと大きく異なります。二〇一九年のデータによると、スリランカ北部のムライティブ県では、政府が定める貧困ライン（一カ月あたり六九六六ルピー〈約四二五〇円〉）以下で暮らす人の割合が約四五％を占めるなど、まだまだ貧困の実態は根強く残っています。

このような状況をふまえ、ＪＩＣＡはこれまで進めてきた、住民の生活を守るための

コロンボの街並み（上）と北中部州の州政府建屋からの眺め（下）。

インフラ整備と並行して、スリランカ地方部の貧困改善を目的とした協力の検討を開始し、二〇二〇年から、私がスリランカ事務所でその担当を務めることとなりました。

この章では、私がどのように新しいプロジェクトを形成したかを、誰と協力するのかという観点から紹介したいと思います。

産業省との協力の模索

まず私は、スリランカ全体の産業振興を司《つかさど》るスリランカ産業省（Ministry of Industry）に連絡し、産業省がどのように地方部の貧困削減や経済発展を進めていこうとしているか、その考え方を聞きに行きました。

産業省は地方部の産業振興、とくにその大部分を担う中小零細企業の役割を重要視していたことから、最初の協議では「ＪＩＣＡと産業省で協力して良いプロジェクト形成をしていきましょう」というとても前向きな結論となり、私自身もワクワクする幸先《さいさき》の良いスタートでした。産業省では中小零細企業振興に向けた政策文書が近々完成予定とのことでしたので、この政策文書が完成した際に、改めてＪＩＣＡの協力が必要な分野について協議することとなりました。

しかしながら、いつまで経《た》っても政策文書が完成しません。何度も産業省に連絡したのですが芳しい反応がなく、しびれを切らして産業省を訪問したところ、政策づくりに必要な地方部の情報が不足していることから、「JICAが代わりに情報を集めてくれないか？」と相談されました。

もちろん、JICA自ら調査を行うことはありますし、開発途上国政府に調査のやり方を指導することもあります。しかし今回は、約束通り政策文書を作成していないばかりか、産業省が実施する予定であった調査をJICAのお金や人手を使って代行してほしいという話であり、率直に言って、産業省からは自国の産業を自分たちでなんとかしたいという想《おも》いが感じられませんでした。

JICAの仕事は「開発途上国政府のプロジェクト」を支援するものであり、決してJICAが引っ張って進めるものではありません。もちろん、JICAが持っている経験や技術が役に立つのであれば積極的に共有したり助言したりもしますが、日本でうまくいったことがそのままその国・地域でもうまくいくとは限らないため、つねに開発途上国政府の人々と一緒に考え、その国・地域での最善のアプローチを探っていきます。また、JICAの協力が終了したら、開発途上国政府の人々自身がそのプロジェクトを継続・発展させていく必要があります。開発途上国政府は資金も人手も足りておらず、困難が多いことは間違いありません。だからこそJICAが協力をするのですが、自らの役割を全《まっと》うするための努力や現状を変えたいという強い想いが見えない組織の仕事をJICAが代わりに行っても、JICAの協力が終わるとまた資金や人手が足りなくなり、元の状態に戻ってしまう事態が懸念されます。

このため、今の産業省と効果的なプロジェクトの形成は難しいと考え、他の組織、具体的には地方自治体との協力可能性を探ることにしました。

地方産業の現場

各国のJICA事務所には、その国の事情をよく知るナショナルスタッフが勤めています。スリランカ事務所では、ナショナルスタッフと日本人所員の二人一組で仕事を行っており、とくにこの地方産業振興という分野に関しては、パラムさんが私のパートナーでした。これまでも相談しながら一緒に仕事を進めてきましたが、とくにここからがパラムさんの本領発揮。ＪＩＣＡの担当としてスリランカ全国のボランティア事業に携わった経験があったため、彼の人脈を活《い》かしてもらい、ときには車で九時間かかる最北端の州まで、二人で一緒に現地を訪問しました。

実際にいろいろな地方を訪れてみると、コロナの影響で観光関連の仕事が激減したために、地方の産業には大きな変化が生じていました。たとえば、中国に高級食材として輸出できるナマコの養殖ビジネスを始めたり、ＵＮＤＰ（国連開発計画）の支援のもとで、地元コミュニティや自治体が協力してカニの加工施設（ボイル・殻剝《からむ》き工場）を整備し、地元に住む女性の雇用機会創出に貢献したり。コロナ禍であっても時代や市場のニーズに合わせ、人々は新しいビジネスを始めていたのです。

州政府との協力への躊躇《ちゅうちょ》

他方で、地方自治体である州政府等は、経済的貧困や市民の生計向上が課題であるとは認識しているものの、多くの場合、地元産業の育成に関して明確な方針を持っているわけではありませんでした。担当者と協議すると、ＪＩＣＡによる金銭的な支援を期待して「生産性を向上させるための機械や工場を整備してほしい」「かつては海外輸出が多かったのに、現在は衰退してしまった繊維産業を再興させたい」等の要望が挙がることが多くありました。

このような州政府の考えや実態を知り、パラムさんと私はとても悩みました。

もちろん、機械や工場が整備されれば生産性は向上し、所得向上にもつながるかもしれませんが、その効果は機材を使える一部の人に限定されてしまいます。加えて、開発途上国で問題になりやすいのが機材のメンテナンスです。定期的に交換が必要な部品がその国に流通していない、故障しても修理できる技術者がいない、政府が修理に必要な予算を確保できない、などの事情によりすぐにその機材が使われなくなってしまい、高額な機材を供与しても意味がなくなってしまうケースも非常に多いのが現実です。

また、過去には多くの外資系アパレル企業がスリランカ国内に工場を構え、衣料品を他国に輸出していたことから、繊維産業の衰退を何とかしたいという気持ちはよく理解できます。しかし、衰退の大きな理由は工場作業員の人件費の上昇であり、近年は外資系企業がスリランカより人件費が安い他国に生産拠点を移してしまっている現状を考えると、再度スリランカに輸出目的の衣料品の生産拠点を移してもらうことは至難の業です。少なくとも、ＪＩＣＡが州政府に機材を供与しただけでは、繊維産業の成長にはつながらないでしょう。

州政府は州内にどのような産業が生まれ育っているかを認識できておらず、モノやカネがあればなんとかなるという考えを持っていました。そんな彼らと一緒に貧困問題の改善に取り組むことは、とても難しいのではないか。悩みは深くなるばかりでした。

ダヤラトネさんとの出会い

そんななか、我々に一本の連絡が入りました。北中部州の州政府副次官であるダヤラトネさんという人が、ＪＩＣＡに協力してもらえないかと言うのです。

ダヤラトネさんは副次官という、州政府の中でもハイレベルな職位の方でしたが、温和な人柄で、その中に「州内の貧困問題を何とかしたい」という強い想いを感じました。ダヤラトネさんによると、北中部州で独自に調査を行った結果、産業振興が州の主要課題のひとつであるという結論になったものの、どのように州の産業振興を進めていけばいいかを悩んでおり、このためＪＩＣＡに相談をした、ということでした。

この話を聞き、北中部州政府が自ら州内の産業実態を理解しようと努めていること、そしてＪＩＣＡに対しお金のかかる機材等の支援を求めるのではなく、北中部州政府として為《な》すべきことを一緒に考えていきたいという姿勢であることを感じました。

この北中部州となら良いプロジェクトが形成できるかもしれない、北中部州で成功事例を作れれば他の州にもその取り組みを広げてもらえるかもしれない。そう考え、北中部州政府の方々と議論を深めていくことにしました。

片道五時間の北中部州出張

北中部州政府とのコミュニケーションは、メールやオンライン会議が中心ですが、やはり直接会って話をすることが重要だと考え、一〜二カ月に一度はパラムさんと私も現地に出張して、協議を繰り返しました。北中部州はコロンボから車で片道五時間かかる距離ですので、できるだけ現地での協議や現場視察の時間が確保できるよう、日が昇る前に自宅を出発することもしばしばでした。道中ではいつも地元の人にも人気のレストラン（ちなみにメニューはすべてカレー。スリランカ人は朝からカレーを食べます！）で途中休憩し、辛いカレーでしっかり目を覚まします。

そうして北中部州に到着すると、さっそく新しいプロジェクトづくりのため、ダヤラトネさんや州政府の方々との協議を開始します。ただ、多くの北中部州政府の人々にとって、私は外国から来たひとりの若者にすぎません。最初は私たちを見定めるような様子で、少し壁があるように感じました。それでも、私自身が一年以上スリランカに住んでさまざまなＪＩＣＡ事業に携わっていること、実際に地方を巡った経験からスリランカの地方部を何とかしたいと考えていること、などを説明していくと、私の一生懸命さが伝わったのか、彼らからも率直な意見を言ってくれるようになりました。

その後は、私が北中部州に訪問するたびに、地元の商工会議所や大学教授など、いろいろな立場の方を会議の場に呼んでくれました。オンラインのやりとりだけではきっと熱意は伝わらなかったと思いますし、私が長時間かけて北中部州まで訪問したからこそ議論の時間を作ってくれたようでしたので、やっぱり現場に行くことはとても大切です。

ダヤラトネさんと筆者。

プロジェクトは共に創るもの

ダヤラトネさんが最初に言っていたように、北中部州政府には産業振興を頑張りたいという想いはあるものの、具体的な進め方についてアイデアがないのが問題でした。議論に行き詰まりを感じたことから、まずは自分がしっかり勉強しようと考え、日本国内や、スリランカで参考になりそうな活動事例を探してみました。すると、いろいろと面白そうな事例が見つかりました。

たとえば、スリランカではよく道端で野菜や果物などが売られていますが、交通量が少なくなかなか買い手もつかないので、売れ残って廃棄されてしまう作物がたくさんあります。この状況を見たとあるスリランカの経営者が、売れ残ったカボチャをコロンボに集め、「カボチャ祭り」を開催して販売することで、食品ロス削減やカボチャ生産者の売り上げ向上に貢献していました。

また、日本では、人口減少や高齢化という背景から、全国各地で地元を盛り上げる取り組みが行われています。貧困削減や都市部との格差是正を目指すスリランカとは背景は異なるものの、地域の産業を盛り上げたいという想いがベースにあることは同じだからこそ、役に立つ経験もあるのではないか。そう考えて日本の事例も調べました。

このように具体事例を資料にまとめて紹介すると、北中部州政府の人々の頭の中で「大きなコストをかけなくても、地域の産業振興や住民の所得向上のために自分たちでもできることはたくさんあるのではないか?」という考えが強くなってきたように感じました。

そうして何度も議論を繰り返した結果、最終的に北中部州政府から日本に対し、「日本の産業振興のさまざまな経験や手法を教えることができ、そして自分たちがその学びを北中部州で実践する際にアドバイスやサポートをしてくれる専門家を派遣してほしい」という要請が出されました。私としても、北中部州政府の人たちに「現状を変えたい」という強い想いがあることから、専門家が具体的な進め方について助言やサポートを行うことで、大きな効果を生み出すプロジェクトになるだろうと信じていましたので、必要な予算が確保できるよう、ＪＩＣＡ内部での説明に奔走しました。予算に限りがあるためすべてのプロジェクトを実施できるわけではありませんが、北中部州政府の人々の想いや私の努力が認められ、無事にこのプロジェクトが採択される（要請プロジェクトの実施を日本政府が決定し、必要な予算が確保される）こととなりました。

相手国は対等なパートナー

ＪＩＣＡが開発途上国で実施する「プロジェクト」というと、ＪＩＣＡがリーダーとして引っ張っているかのようにイメージされてしまうことがありますが、決してそうではありません。とくに技術協力事業においては、ＪＩＣＡは開発途上国政府とつねに対等な「パートナー」の関係であり、お互いに議論を交わし、一緒にひとつのプロジェクトを進めていきます。

また、開発途上国は多くの問題を抱えており、やるべきことがたくさんありますが、我々ＪＩＣＡの予算や人員には限度があるため、何でもできるわけではありません。実際に現地で生活すると、自分の無力さを痛感することもありますが、その中でも、より大きな成果を生み出せるプロジェクトを、開発途上国政府の人々のパートナーとして共に作っていくことが、ＪＩＣＡ職員に求められる仕事の進め方だと考えています。

そして、よいプロジェクト形成を行うために重要な要素のひとつが、「プロジェクトに向きあう姿勢」だと思います。ＪＩＣＡは単に日本の技術や資金を開発途上国に供与するのではなく、「共創」という考え方を重視しており、パートナーである相手国政府の人々と共に議論を繰り返し、その国や地域で最大の効果を発揮するプロジェクトを創りあげるべく努めています。ただ、開発途上国政府の中には「とにかくカネ（やモノ）が欲しい」「任せるから全部ＪＩＣＡで考えてくれ」等の主張ばかりで、なかなか一緒に考え、議論することが難しい相手がいることも事実です。こういう人たちと一緒にプロジェクトを実施しても、パートナーとして互いを尊重しあう関係をつくることは難しいです。今回のプロジェクトは、北中部州政府の方々が、産業振興のために自分たちにできることを真剣に考え、外部者である私の意見にも真摯に耳を傾けてくれたからこそ形成できたものです。また、彼らがいつも快く我々との長時間の議論に応じてくれたのは、パラムさんや私の一生懸命さが伝わったからという面もあるのではないかと思っています。

北中部州が専門家派遣について日本政府への要請書を提出した後に辞令が出て、私は日本に帰国することとなりました。日本人専門家や北中部州政府の人々と一緒に産業振興を進められなかったことは残念ですが、北中部州政府の人々は、州内に住む人々がより豊かな生活を送れるようにという熱い想いを持っていますので、日本人専門家の協力も得つつ、北中部州の産業を盛り上げ、さらにその経験を他の州にも広げてくれると信じています。

私自身も、開発途上国で開発協力を行う国や組織がいくつも存在する中で、開発途上国の人々がＪＩＣＡと仕事がしたいと思ってくれるよう、自分をいっそう磨いていきたいと思います。

〈プロフィール〉

島田　和輝（しまだ・かずき）。一九九二年生まれ、東京都出身。大学時代は都市計画を学ぶなかで開発途上国の現状を知り国際協力に関心を抱き、海外経験がほとんどないまま二〇一五年に入構。その後は世界各国の都市交通計画作成や技術協力事業全般の制度改善等の経験を積み、二〇一九年からスリランカ事務所に駐在。二〇二〇年からスリランカの地方産業開発分野の案件形成に携わる。現在はアフリカ部にてナイジェリアにおける協力方針の検討や円借款案件形成、アフリカ開発銀行との連携業務等を担当する傍ら、スリランカでの経験を踏まえて大学院に通い、まちづくりや地場産業振興を勉強中。

カンボジア

8 綿密な調査を武器に、人身取引と戦う

#人身取引対策

#ジェンダー平等

#調査のステップ

齋藤有希

開発とジェンダー

世界の人口の約半数は生物学的には女性、残りの約半数は男性とされています。しかし、社会の仕組みや制度を決定するための場では、この割合は不均衡になり、大多数を男性が占めることは珍しくありません。この結果、社会の仕組みや制度は男性にとって都合がいいように設計され、女性にとっては不都合が生じることがあります。これを防ぎ、性別に関係なく、平等に恩恵を受けられるようにするための方法を「ジェンダー主流化」といいます。そして、ジェンダー主流化を進めるうえで不可欠なのが「ジェンダー視点」をもつことです。この視点は、政策や制度、組織等における男性と女性の社会

的な役割の違いや力関係に着目し、ジェンダーに関係する課題やニーズを明らかにします。

ジェンダー主流化は、国際協力においても大切なアプローチです。開発途上国では、性別に基づく差別的な慣行や法律が根強く残っている場合も多く、女性や性的マイノリティの人々が社会サービスや制度からの恩恵を受けにくい傾向があります。このため、開発事業は、計画から実施、評価に至るまで、ジェンダー視点を取り入れて実施される必要があります。JICAは、ジェンダー主流化を「様々な分野における政策や事業の立案・実施・モニタリング・評価時において、ジェンダーの視点に立った取組を進めること」と定義しており、さまざまな性的指向・性自認を持つすべての人々の課題やニーズに対応し、人が性別にとらわれずに能力を発揮できる社会の実現に貢献するプロジェクトの形成を目指しています。本章で扱うプロジェクトでは、カンボジア政府の要請に基づき、人身取引対策能力の強化を目指しており、性的マイノリティの人々も含め支援対象と考えています。

変化する国際協力のかたち

もちろん、これまでにも女性に焦点を当てた国際協力はありました。一九六〇～七〇年代には、「開発と女性」（Women in Development: WID）という考え方が提唱され、女性の置かれた状況を改善するために、女性のみを対象とした活動が行われました。

これは、現在のジェンダー主流化の考え方と、どう違うのでしょうか。貧困下で育児を行う母親にミルクを支給する、というプロジェクトを例に考えてみましょう。このプロジェクトの結果、子どもの栄養状態の改善が見られたのであれば、この開発事業には一定の効果があったと言えるでしょう。しかし、このようなプロジェクトは、「育児を行う主体は女性である」という固定的性別役割を前提としています。このように、WIDは固定的な性別役割分業や男女の不平等な関係を是正するものではありませんでした。

このような問題をふまえて、一九八〇年代に「ジェンダーと開発」（Gender and Development: GAD）という考え方が登場しました。これは、男女の非対称な権力関係の是正を目指すものです。GADが意識するのは、教育や資源の欠如、貧困や暴力への脆弱《ぜいじゃく》性《せい》など、女性の置かれた不利な状況やジェンダーバイアスによって生じている、女性自身が認識しにくい潜在的なニーズです。また、このような困りごとを解決するために、対象社会におけるジェンダー視点に立った分析（ジェンダー分析）や、不利な立場にいる人びとが発言権を獲得して力をつけること（エンパワメント）の重要性が強調されています。

一九九〇年代までは、日本のODAの中でもジェンダー視点が意識されることは少なく、現地調査に行く人のほとんどが男性で、インタビューに出席する現地の人びとも男性ばかりでした。この状況では、プロジェクトの中に女性や社会的マイノリティの課題や意見を取り込むことはきわめて難しくなります。

現在でも相手国の担当者は男性であることが多いですが、ジェンダー視点の重要性を理解している、あるいは理解しようと努めているケースも増えてきています。

この変化の背景には、ジェンダー平等の達成に向けた国際社会の取り組みの蓄積があります。最近では、持続可能な開発目標（SDGs）のゴール5に「ジェンダー平等を達成し、すべての女性及び女児の能力強化を行う」が設定され、SDGsの前文には、一七のゴールと一六九のターゲットは、「すべての人々の人権を実現し、ジェンダー平等とすべての女性と女児の能力強化を達成することを目指す」ものであることが明記されています。

人身取引という課題

私は二〇二二年にジェンダー平等・貧困削減推進室に着任し、人身取引対策のプロジェクトを担当することになりました。

人身取引は、ジェンダー平等の達成を明記したSDGsのゴール5のターゲット5・2などで言及されている、開発協力において喫緊の課題のひとつです。

大学、大学院を通して、私はジェンダーあるいは人身取引の問題にほとんど触れたことがなかったため、最初の数カ月にさまざまな資料を読んだり、周りの方に聞いたりして、必要な知識をつけました。

最初は「人身取引」というと、人間がまるで物のように売られていく状況を想像していたのですが、国際的な定義では、強制労働などさまざまな形態の搾取がこれに該当しており、現代の奴隷制とも呼ばれる人権侵害であることを知りました。女性や女子が被害にあう割合は全体の約六割。また全体の約四割を占める性的搾取の被害にあう人びとのうち約九割が女性や女子であることから、ジェンダー視点が求められる分野でもあります。

ＪＩＣＡでは、二〇〇九年に開始されたタイに対する「人身取引被害者保護・自立支援促進プロジェクト」を皮切りに、人身取引対策支援をメコン地域において展開するようになり、二〇一二年にはベトナムおよびミャンマーでも人身取引対策プロジェクトがスタートしました。そして、私が着任したのは、ちょうどカンボジアに対する人身取引対策のプロジェクトを形成するタイミングでした。

アメリカの国務省が各国政府の人身取引対策について評価している「人身取引報告書」（US TIP レポート）では、カンボジアは二〇二二年から二〇二四年まで、三年連続で政府による人身取引対策がもっとも遅れている国のひとつとされています。同レポートで指摘されている課題には、現行の被害者認定ガイドラインの不徹底、データ収集およびデータ管理の精度の低さ、政府のＮＧＯへの依存の大きさ等があります。そして、これらの原因として指摘されているのが、本プロジェクトの実施機関である社会問題・

退役軍人・青少年更生省（Ministry of Social Affairs, Veterans and Youth Rehabilitation: MoSVY）を含む人身取引対策関連機関のキャパシティの低さと予算不足です。このMoSVYが、ＪＩＣＡに対して支援を要請した機関です。

着任早々、人身取引という非常に大きな問題に取り組む、しかも世界でもっとも対策が遅れているとされる国の、問題が山積している機関に対するプロジェクトを担当することとなり、私は内心とてつもないプレッシャーを感じていましたが、同時にかつてないほどモチベーションが高まっていました。

事前調査がプロジェクト形成のカギを握る

こうして二〇一二年八月、カンボジアにおいてＪＩＣＡによるはじめての人身取引対策プロジェクトを形成するための基本計画策定調査とよばれる事前調査のために、ジェンダー平等・貧困削減推進室から室長と私の二名、そして人身取引対策分野に精通するシニア・ジェンダー・アドバイザーが日本を発《た》ちました。調査期間は五日間。調査目的は、協力枠組みについてMoSVYと協議を行い、合意することでした。また、五日の間に協力枠組みを合意するためには、カンボジアにおける人身取引対策の実態や課題等の関連情報を収集・整理する必要があります。US TIP レポートには、カンボジア政府が発表した被害者数のデータも記載されていましたが、そもそも人身取引は明るみに出るケースが限られるため、データから全貌を把握することはできません。私たち調査団は、カンボジアで何が起きているのかを正確に把握するために一二の関係機関との面談を行いました。

MoSVY 側の代表者は最初の面談で、JICAがプロジェクト予算のどの部分をカバーするのかということを気にしていました。技術協力プロジェクトのルール上、MoSVY 側にも負担が生じる部分があることを伝えると、MoSVY には予算がないということを主張してきました。まさに、US TIP レポートで指摘される予算不足の問題に直面しました。そして、面談の中では人身取引対策の実態や課題等をほとんど聞き出すことができず、非常に不安になりました。

次に、私たちは人身取引対策国家委員会（National Committee for Counter Trafficking: NCCT）という人身取引対策に関連する政府・非政府組織の調整を行う委員会のリーダーのもとを訪れました。このリーダーからは、NCCTは関連省庁が主導する七つの課題別ワーキンググループ（保護、子ども、法執行、司法、予防、国際協力、移住）を設置しており、省庁間の連携を意識した仕組みが構築されていることを聞きました。しかし、実際には省庁間で活発な連携は行われておらず、政府の人身取引対策機関の活動を補完するように、複数のNGOが本来政府が行うべき支援を提供していることもわかりました。調査前、私は漠然とMoSVYの職員が自ら人身取引のサバイバーを支援している様子をイメージしていましたが、実際にはMoSVYの業務は被害者の認定や地方の出先機関からの定期報告を受け、支援をモニタリングすることでした。なお、人身取引被害を受けた人びとを表す際、「被害者」という用語が使用されることがありますが、「被害者」という用語は、被害を受けた人びとに対してスティグマを与える恐れがあるため、ここでは被害者認定プロセスに関連する文脈のみで「被害者」と呼称し、それ以外の文脈では「サバイバー」としています。

この出先機関は、州社会問題・退役軍人・青少年更生局（Department of Social Affairs, Veterans and Youth Rehabilitation: DoSVY）という名称で、各州に置かれています。私たちはシェムリアップ州およびバンテアイミエンチェイ州のDoSVYのリーダーとオンラインで面談を行いました。ここで、州レベルでの人身取引対策の概要をある程度把握することができました。一方、MoSVYへの定期報告に関して聞くと、かなり曖昧な返答となり、報告書もすぐには見つけられない、という様子でした。明らかに、モニタリング体制に何らかの不備があることがわかりました。

政府機関のこのような状況と比較して、NGOはきちんと現場での業務を行っていました。あるNGOの代表と面談した際には、政府機関側に人身取引対策の方法を教えることもある、と政府機関の誰よりも流暢《りゅうちょう》な英語で話してくれました。

また、別のNGOが運営しているシェルターでは、人身取引から逃げ延びた少女（仮名：Maly）と面会し、その適切な支援の一端を知ることができました。一四歳のMalyはシェルターに来る前、父母や他の子どもたちと一緒に住んでおり、中学校に通っていました。しかし、あるとき、母親が他の大人にMalyを売ろうとし、恐怖を感じた彼女は友人のところに逃げました。事情を知ったこの友人の母は警察に通報し、警察がMoSVYに連絡し、MoSVYから依頼を受けたこのシェルターを運営するNGOの職員

Malyと面会したNGOが運営するシェルターの、職業訓練のための部屋（上)。同シェルターのサバイバーの寝室（下)。

がMalyを迎えに来てくれた、と説明してくれました。「シェルターに来たばかりのころは寂しかったが、NGOの職員が優しくしてくれるので今は大丈夫」と話す彼女は、シェルターの中でケーキ作りを習っており、将来はケーキ屋さんを経営したいと教えてくれました。

五日間の調査をふまえて、私たちはカンボジアにおける人身取引の状況やMoSVYやDoSVYの課題、そしてNGOのしっかりした仕事ぶりを確認することができ、プロジェクト全体のイメージが固まっていきました。具体的には、政府側の体制が十分になり、NGOが円滑に必要なサポートを提供できるようになれば、頑強な人身取引対策を行うことができるようになると考えました。

半年間をかけた詳細計画の策定

その後、プロジェクトの詳細な計画を決めるために、詳細計画策定フェーズとよばれるより精緻な調査を半年間かけて行いました。この調査は専門家によって現地で行われ、五日間の調査では調べきれなかった点や、人身取引対策のより詳細な状況を把握します。

この調査によると、二〇二二年にみなし認定されたカンボジア人の被害者数は三一八名。認定された被害者数のうち約七六％が女性または女子で、人身取引の形態の中で性的搾取や強制結婚はとくに女性または女子が被害にあいやすいことが報告されました。また、被害にあった女性たちは、差別や偏見の対象となりやすいことがわかっています。

現地での取り組みの全貌も見えてきました。MoSVYが提供するサバイバー保護サービスの七〜八割は「コミュニティ・ベースド・ケア（CBC）」とよばれ、コミュニティにおいて行われるものであることがわかりました。CBCは、サバイバーを出身のコミュニティに帰還させ、家族や親戚のもとで社会復帰サービスを提供するものです。各サバイバーにMoSVYが委託するNGOからケースマネージャー一名が配置され、コミュニティにおけるサバイバーの安全を確保し、ニーズを聞き取り、医療やカウンセリング、社会復帰のための職業訓練、司法アクセスなど、必要なサービスへとつなぎます。このCBCは、MoSVYやDoSVYよりもさらにコミュニティに近いレベルの郡社会問題・退役軍人・青少年更生部（Office of Social, Veterans and Youth: OSVY）がNGOのサービスを直接モニタリングし、DoSVYや内務省に定期的に報告する役割を担っています。

基本計画策定調査の時点では、ほとんどのサービスはシェルターで提供されていることを想定していたことに加えて、OSVYの役割を調べきれていなかったため、これはプロジェクト内容の検討に加えるべき非常に大きな発見でした。

さらに、被害者の認定フローについても大きな課題が見つかりました。カンボジアでは、裁判を通じて被害の内容と加害者を特定してはじめて人身取引被害者として認定されるため、正式な被害者の数は少なく、政府やNGOが協力して保護サービスを提供している対象者の多くは「みなし被害者」です。みなし被害者を認定するためのインタビューはMoSVYが、正式な被害者を認定するためのインタビューは警察が行うことが通常であり、サバイバーが二回インタビューを受ける必要があります。また、認定のためのガイドラインが整備されているものの、重複した質問が存在することがわかりました。これらにより、サバイバーは思い出したくない被害の記憶を複数回話さなければならない状況となっています。

二度目の調査で見えたこと

そして、詳細計画策定フェーズの最終段階に、MoSVYとプロジェクトの内容について正式に合意することを目的とした詳細計画策定調査のために、再度カンボジアを訪れました。

訪問先のひとつは、シェムリアップ州でCBCを提供するNGOで、ここでCBCの全容や課題がよくわかりました。CBCはMoSVYが国際機関の支援を受けて作成したマニュアルに沿って行われており、NGOはサバイバーと一緒に暮らす者への食料支援やサバイバーへの職業訓練等を提供します。OSVYは、NGOのこうした取り組みをモニタリングする立場にあり、モニタリングで使用するツールもマニュアルに付属されているのですが、NGOの担当者の話では、OSVYの担当者が習熟していないことや、政府機関側の手続きの遅滞が原因で、CBCの運用に支障が出ることもあるということでした。せっかくマニュアルが整備されているにもかかわらず、政府側がうまく活用できていないという課題が明らかになり、OSVYへのトレーニングが必要だと感じました。

また、みなし認定のためのMoSVYによるインタビューについてくわしい状況を知るために、同じシェムリアップ州にあるポイペト・トランジット・センター（PTC）を訪れました。PTCは、タイから強制送還された移民労働者や本国送還されたサバイバーを一時的に保護する施設です。

インタビュー担当者のAkra（仮名）の話では、タイから送還された人びとを迎えに行く際、乗ってきたバスからの降り方や歩き方、座り方を観察したり、インタビュー対象者が精神的に不安を抱えている場合には、個室に移したり、時間をかけてインタビューを行うようにしているとのことでした。さらに、Akraは、「女性のサバイバーに対しては女性のインタビュアーを付けたいが、人材不足で難しい」と説明してくれました。これは、PTCが本章の冒頭でご紹介した「ジェンダー視点」を持っていることを示しています。

調査の積み重ねがプロジェクトを形成する

最後の調査をふまえて、「サバイバーに寄り添ったCBC（コミュニティ・ベースド・

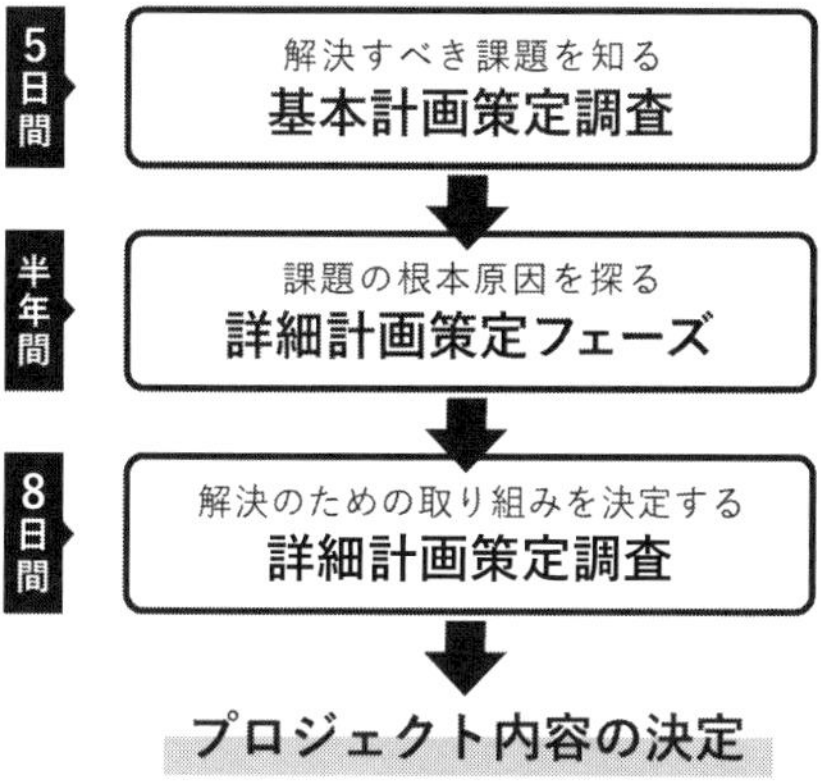

人身取引対策プロジェクトにおける調査のステップ。

ケア）を提供すること」を目標とするプロジェクトを行うことが決定しました。具体的には、

①サバイバーに寄り添った人身取引被害者の認定手続きが行われる。

②シェムリアップ州およびトボンクムン州においてＣＢＣに携わる政府・非政府関係者の知見や能力が改善する。

③シェムリアップ州およびトボンクムン州における政府関係者によるＣＢＣのモニタリング能力が向上する。

の三点が達成すべき成果です。

このように、カンボジアにおけるＪＩＣＡに

よるはじめての人身取引対策プロジェクトは、現地を訪れて行った調査の積み重ねによって形成されました。

人身取引は、まさに社会の闇に潜む課題であり、世界的にも被害者数の把握は難しく、報告されるケースは氷山の一角だと言われています。限られた二次資料からではわからない真のニーズや、サバイバーの経験、現場での関係者の葛藤等は、このような綿密な調査を通じてはじめて明らかになります。

また、報告されるケースの中では女性が被害にあう割合が多く、サバイバーに寄り添った支援を行うためには、ジェンダー視点が欠かせません。実際に現地を訪れ、限られた予算や人材を最大限活用しながら、被害にあった女性たちに寄り添った支援ができるように奮闘している人びとと出会えたことは、私にとってとても貴重な経験でした。このプロジェクトを通して、一日でも早くカンボジアの人身取引対策が改善され、ひとりでも多くのサバイバーが救われることを願っています。

〈プロフィール〉

齋藤　有希（さいとう・ゆうき）。一九九四年生まれ、東京都板橋区出身。大学で政治経済学、大学院で国際関係論や人間の安全保障を学び、赤十字国際委員会（ＩＣＲＣ）インドネシア事務所でのインターンを経て、二〇二〇年入構。国内拠点のひとつである関西センターでの勤務後、二〇二二年よりジェンダー平等・貧困削減推進室に配属、ジェンダー主流化や人身取引対策プロジェクトに携わる。現在はバングラデシュ事務所にて災害対策や気候変動分野のプロジェクトを担当。

〈参考文献〉

Global Report on Trafficking in Persons 2022, United Nations.

田中由美子、大沢真理、伊藤るり編著『開発とジェンダー――エンパワーメントの国際協力』国際協力出版会、二〇〇二年

「ジェンダー平等と女性のエンパワメントの推進――誰ひとり取り残さない社会の実現に向けて　Guidance Note」独立行政法人国際協力機構（ＪＩＣＡ）ガバナンス・平和構築部ジェンダー平等・貧困削減推進室、二〇二四年

https://www.jica.go.jp/activities/issues/gender/__icsFiles/afieldfile/2024/03/06/guidance_gender.pdf

2024 Trafficking in Persons Report, U.S. Department of State.
https://www.state.gov/reports/2024-trafficking-in-persons-report/
「JICA事業におけるジェンダー主流化のための手引き」
https://www.jica.go.jp/activities/issues/gender/materials/guidance.html

コラム②　JICA職員に求められる力——どのような人と協力したいか

「人と協力する」ことを実現できるのは、どのような人なのでしょうか。とくにJICA職員に求められる資質は、どのようなものでしょうか。

JICAで働くことを志望する方から、「英語ができないとだめでしょうか」「どのようなスキルや専門性が必要ですか」との質問を受けることがあります。たしかに、JICA職員として働くうえで、語学力（英語など）や特定分野の知識・専門性（たとえば金融、農業、土木工学）といったスキル（「ハードスキル」とよばれます）は大いに活《い》かすことができる有意義なものです。しかし、よりいっそう重要なのは、仕事を進める基礎となる個々の資質や特性——ソフトスキルを含む、幅広い、総合的な力だと考えています。とくに開発途上国の社会・人びととかかわるうえで強調すべきは、以下の三つです。

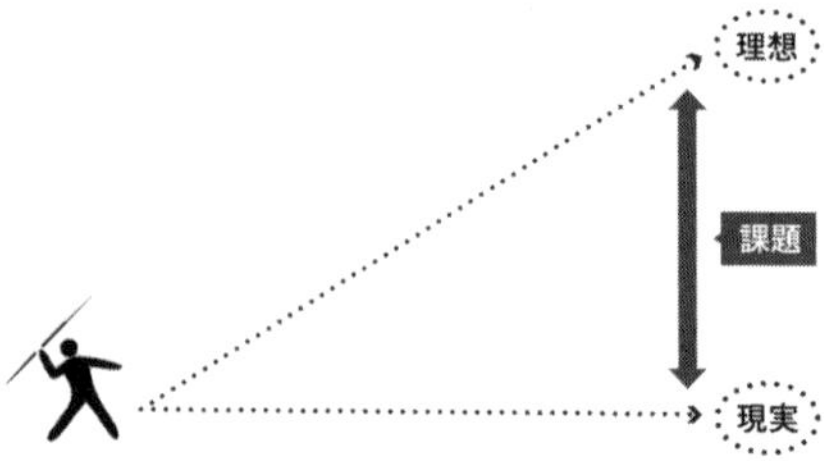

理想と現実のギャップを「課題」という。理想を高く描き、また現実を直視することで、課題に対する認識が高まる。

(ア)「思い描く」力／構想

開発途上国とＪＩＣＡが取り組む課題は、「理想と現実のギャップである」と定義することができます（図）。この場合、立ち向かうべき課題を設定するためには、理想を共有することが出発点となります。現地の人たちに寄り添い、コミュニケーションをとって懐に入り相手を深く理解するなかで、現実の先に理想を高く描くことができるのか。自分なりに想像力を働かせ、相手を想《おも》うことで、対峙《たいじ》すべき課題を「構想」することが求められています。

(イ)「束ねて共に目指す」力／結集

国際協力のプロジェクトを推進するうえで、ＪＩＣＡ単独で実現できることはほとんどありません。つねにさまざまな立場・レベルの関係者とチームとなって共に取り組みます。これら関係者がかかわりあうためのメカニズム（器）を構築するうえで、それぞれがもつ強みや期待、ときに利害をふまえながら、共に目指すビジョン、ゴールを照らしだし、チームを「結集」して一体となって取り組むプロセスを巻き起こしていく、そんなリーダーシップが求められています（ここでいうリーダーシップとは、かならずしも部長や生徒会長といった役職経験者だけではなく、だれもが姿勢として持ちうるものを指しています）。

（ウ）「やりきる」力／実行

開発途上国において仕事をするにあたっては、計画通りいかないことも多く、予測できない事態がたびたび発生します。こうした事態に直面したときに、下を向いて落ち込むばかりではなく、なんとか前を向いて打開策を見出《みいだ》し、プロジェクトをよりよい形でやり遂げるための軌道修正を行いながら、粘り強く「実行」しきることが求められています。

これら三つの力は、勉強・研究、海外留学やインターンシップといった活動だけではなく、部活動やサークル活動、アルバイトといった身近な日々の経験における思考と行動の積み重ねによって育まれるものではないかと思います。一人ひとりが違ったものを持っていて当然であり、個性や人柄、人としての総合的な魅力が力になります。開発途上国の人たちと信頼で結ばれた「つながり」を創る国際協力の仕事は、まさに人間ならではの仕事なのかもしれません。

青年海外協力隊事務局

もういちど、世界をつなぐ力になる

#新型コロナウイルス流行下の青年海外協力隊事業

鈴木友理

二〇二〇年、国際協力機構に入構

卒業式が中止となり、大学生活が終わった実感がないままマスクをつけて初出社をした二〇二〇年四月一日、私はＪＩＣＡの職員になりました。

通常であればひとりずつ手交される辞令は、新型コロナウイルスの感染対策のため、「まだ開かないでください」という指示のもと、テーブルの上に伏せてありました。配属先発表の緊張が高まるなか、「それでは確認してください」。そう指示があり、ぱっと見た文字は、まるで想像していなかった「青年海外協力隊事務局」。どこかで見た、青年海外協力隊員を募集する電車広告のコピー「いつかきっと世界を変える力になる」だけが、ぽんと頭に浮かびました。

わずか数日後の二〇二〇年四月七日、東京都を含む七都道府県に緊急事態宣言が発令されました。新入職員だった私の研修は三日で打ち切りになり、配属された部署に挨拶もできないまま在宅勤務がスタートしました。

世界においては、感染症の流入を防ぐため、空港の閉鎖等が行われ、青年海外協力隊員（以下「隊員」）の移動が困難となり、それに対応する青年海外協力隊事務局（以下「事務局」）は、世界各地にある在外事務所と協力しながら、隊員の帰国オペレーションを実施している真っただ中でした。過去五五年間にわたる事業の中で、全隊員が海外から帰国するということは初めてのこと。一部の国や地域では隊員が滞在していた地区は外出禁止となったり、交通手段が遮断されたりと、想像もできなかった状況がそこにはありました。

青年海外協力隊事務局での私の仕事は、この帰国後の対応と、派遣の再開に向けた調整で始まりました。前例のない状況だからこそ、多くの方の協力やその思いが、信頼で世界をつなぐ国際協力の仕事を支えていると知ることができたのです。

JICA海外協力隊とは

ＪＩＣＡ海外協力隊は、開発途上国からの要請（ニーズ）に基づき、それに見合った技術・知識・経験を持ち、「開発途上国の人々のために活《い》かしたい」と望む方を募集し、選考、訓練を経て派遣します。取り組む課題は、環境問題や格差の問題、医療の問題から農業の問題までさまざまです。

ＪＩＣＡ海外協力隊は、一九六五年四月に日本政府の事業として発足しました。一九六五年一二月二四日に、青年海外協力隊員の第一号としてラオスに五名が派遣されています。その後、一九七四年八月に国際協力事業団（現国際協力機構）が発足。その重要な事業のひとつとして受け継がれ、今日に至っています。それ以来、「日系社会青年ボランティア事業」「シニア海外ボランティア事業」が加わるなどの変遷を経て、派遣国は九〇カ国以上、累計派遣人数が五万六〇〇〇人（二〇二四年六月三〇日現在）を突破しています。新型コロナウイルス感染症が拡大する前までは、常時約二〇〇〇人の隊員が世界で活動していました。

全JICA海外協力隊が日本に帰国

二〇二〇年春、世界で新型コロナウイルス感染拡大のニュースが大きく報道されはじめたころ、JICAは隊員の安全確保のため、国際機関や政府機関とも協力して帰国手配を行い、全隊員が帰国しました。隊員の中には、「一時的な首都への退避」という連絡で首都へ移動してきたものの、移動中に連絡が「一時的な帰国」に変わり、首都に運んだ携行荷物のみで帰国した隊員もいました。また多くの隊員は帰国後、どこで健康観察が行われるのか、一時帰国中はどこでどう待機するのか、再派遣はいつなのか等、今後のことがまったくわからないまま帰国しました。

私が新入職員研修後にはじめて出社したのは、全隊員の帰国完了後の五月一六日のことでした。伝えられた担当業務はベトナム、ラオス、マレーシア、マーシャル、ミクロネシア、パラオに赴任していた隊員への対応です。担当国の隊員からメールや電話等でさまざまな照会を受けました。現地に残した荷物を日本へ返送できるのか、住居契約を継続するのか、解除するのか、また帰国期間中の手当や手続き等、一つひとつの問い合わせに対して、他の事務局職員、他の関係部署と共に対応しました。突然の帰国と見通しのつかない社会状況のなか、全隊員が不安を感じていたことを、新入職員ながらひしひしと感じました。

そんななかでも、隊員の中には少しずつ前向きにできる活動を始めようという方々が出てきました。たとえば、自分が赴任していた国から日本に来た方が多く住む地域で、その方々の生活の支援を行う活動を始めた隊員がいました。その隊員は、自身が「外国人」として生活した経験を基に、日々の困りごとについて相談を受けるだけでなく、日本人が受け入れ側として体制を整えられるよう、レストランで赴任国の料理を提供するなど、その国の魅力を地域に伝える活動もしていました。隊員自身がその地を離れた後も、地域として外国人を受け入れられるような持続的な体制づくりをしていることに、私は心から感銘を受けました。

渡航再開に向けて奔走した夏

事務局においては、全隊員の帰国完了後まもなく「渡航再開を検討すべき」との意見は出たものの、世界における感染状況と対応が刻々と変化するなか、なかなか具体的な議論が開始できませんでした。ようやくベトナム事務所とのオンライン会議が開かれ、具体的な検討が開始されたのは、二〇二〇年の夏が始まるころでした。

ベトナム事務所は、過去にベトナムで感染症対策の支援を実施し、ベトナム保健省と強いつながりがあったこと、また、現地職員がベトナム社会における感染症対策のルールをくわしく理解していたことから、さまざまな情報を入手できる環境がありました。これまで日本が積み上げてきた経験を最大限活用できることから、ベトナムが渡航再開第一号候補国となったのです。

渡航再開の議論においてとくに重要となったのは、「JICA企画調査員（ボランティア事業）」（Volunteer Coordinator。以下、VC）から事務局に届けられたさまざまな声でした。JICAが隊員を派遣している事務所には、VCが配置されています。VCは、JICA海外協力隊の活動全般をサポートし、開発課題に沿ったJICA海外協力隊国別事業計画の策定や、隊員の配属機関との交渉をはじめ、隊員の活動支援にかかる安全管理や経理・事務処理など広範な業務を担っており、隊員の相談役にもなっています。

各国それぞれにおいて、隊員の帰国オペレーションが完了次第、ＶＣの多くも一度日本に帰国しました。ＶＣも今後の渡航再開の見通しがつかず、隊員をどのように支えればいいのか悩まれていた方も多かったのではないかと思います。そのようななかでも、ＶＣはつねに現地の情報収集を行い、いつ渡航再開が進んでも良いように、事務局、隊員、隊員の受け入れ先であるカウンターパート（以下、ＣＰ）とコミュニケーションを続けていました。各国から、隊員の渡航再開を心待ちにしているＣＰの声がＶＣを通して届きました。

ベトナムにおいては、観光や障害児・者支援にかかわる分野、また看護師や獣医などさまざまな職種で隊員が活動していました。「一時帰国前までに行われていた隊員活動を現場に定着させるためには、早期の活動再開が必要」と、多くの声が届きました。

隊員の安全管理と健康管理はどうするのか

ベトナム事務所からさまざまな情報が届き、渡航再開ロードマップの提案もあったものの、前例のない事態であり、また世界情勢がつねに変化していたことから、どのように検討を進めればいいのかまったくわかりませんでした。

そこで、隊員、CP、在外事務所から届いていた「早期の隊員の渡航再開を強く希望する」という声を、関係者に伝えることから始めました。

JICA内の海外協力隊事業は、事務局に加え、在外事務所や安全管理部、人事部健康管理室（二〇二四年現在は、組織改編により「安全管理部健康管理室」に名称変更。以下「健康管理室」）、そして日本全国に設置されているさまざまな国内機関と協力して行われています。隊員の渡航再開は、これらの部署との協議によって決定しました。事業の全貌をまったく知らなかった私は、これほど多くの人々がひとつの事業にかかわっていることに驚きと感銘を受けました。

検討の中でとくに課題になったのは、隊員の安全です。新型コロナウイルス感染症により、国をまたいだ移動が制限された結果、とくに医療体制が整わない途上国から、万が一の際に隊員を日本に緊急移送できる体制がなかなか整いませんでした。万が一隊員が交通事故に巻き込まれた際、どのように隊員の安全を確保するのか、万が一、隊員が感染症に罹患《りかん》した際、どのように治療できる体制を手配するのか。隊員が派遣される配属先一件一件について、検討を行いました。

議論が白熱し部署間で意見がぶつかることもありましたが、各関係者が真剣にどのように安全に隊員の渡航再開を実現させるのかを検討している様子は、これまでに経験したことがないほど、関係者皆が同じゴールに向かっていることを感じ、胸が熱くなる瞬間が幾度もありました。私も新入職員ながら、どのように対応するべきか夜な夜な考え込んでしまい、関係部署とのミーティングが夢に出てくることもありました。それでも、できるだけ早く隊員に現地で活動していただくために頑張りたいと思えたのは、日々共有されていた隊員とＣＰの想《おも》いがあったからでした。

渡航再開の決定と再赴任後の活動

ベトナム事務所との最初の会議から約三カ月の時を経た二〇二〇年一〇月、ようやく渡航再開が決定されました。一カ国目の渡航再開が決まったときには、ＪＩＣＡ海外協力隊事業の再スタートが切られたことを実感しほっとするとともに、渡航再開第一号の派遣を絶対に成功させなければと身が引き締まる思いでした。

ベトナムへの渡航再開第１号４名が、ベトナムの空港に到着したときの様子。

再赴任第一号となったベトナム隊員四名は、半年以上の一時帰国期間を終えて、現地での活動を再開しました。思いもよらない急な一時帰国により、途方に暮れてしまうようななかでも、懸命に現地語や職種の学びを深め、再赴任まで努力を続けていた隊員は、任地に戻り、最後まで懸命に活動に取り組みました。そして、まだ多くの国への渡航再開がかなわないなか、早くも二〇二一年四月に渡航再開第一号の帰国後の報告会が行われ、最後の活動報告書の提出がありました。その報告書や報告会は、私たちにとって、派遣再開に向けた思いを新たにするものになりました。

ある隊員は、再赴任して、自身の以前の活動が現地で実践されつづけてきたことを実感し、残りの短い期間を全力で取り組む決意をしたと記録しています。本隊員は障害児を支援するＮＰＯに配属され、現地教員等への助言やセミナーの実施のほか、休み時間には生徒に遊び方や道具の使い方等を教えていました。

観光は、新型コロナウイルス流行の影響がもっとも大きかった分野のひとつです。この職種で活動をしていた隊員は、着任当初、同僚等との関係構築において難しさを感じ、モチベーションが高められませんでした。しかし、そのようななかでも、ベトナム語の学びをさらに深め、関係構築を懸命に続けたことで、帰国前にはＣＰと協力して観光情報だけでなく感染対策の情報を発信するなど、そのタイミングで取り組めることに注力し、良好な関係づくりができたといいます。

隊員たちが自発的に行動し、協力者を見つけ、その協力者を通してさらに多くの人を巻き込み活動を行う姿にも感銘を受けました。たとえば、「作業療法士」として活動をしていた隊員は、ＣＰが自身の作業療法に自信を持っていたからこそ、どのように支援をすればよいのか悩みました。本隊員は、時間をかけてＣＰと関係構築を行ったことで、

観光の職種で活動していた隊員が、再赴任後に現地の観光業者と意見交換をしている様子。

よりよい作業療法を共に検討できるようになりました。これにより、日本の作業療法とベトナムの作業療法を掛けあわせることで、よりよい作業療法ができることがベトナムの医療分科会等で共有され、CPを超えた方々へも信頼がつながりました。

「看護師」として活動をした隊員は、省（日本の県にあたる）の指導者である党委書記から感謝を伝えられました。本隊員は、「いつかきっと世界を変える力になる」という言葉を胸に活動された結果、大きく配属先の関係者の意識と行動を変え、ベトナムにおいてより安全な医療を届ける体制づくりに貢献したのです。

報告会では、ある隊員からこのような言葉がありました。

「私たちの再赴任の結果が、今後の他国での隊員の派遣再開につながっていくことを願っています」

他の隊員たちの思いを背負って活動に励んでいる姿には、多くの事務局員が勇気と力をもらいました。

こうして、ベトナムの渡航再開に続き、ラオス、タイ、マレーシアと、渡航再開に向け舵《かじ》が切られていきました。一時帰国から半年以上が経《た》ち、隊員の生活も変化するなかで、再赴任を希望する隊員一人ひとりと向きあいながら、ＣＰが待つ任地へ、一日でも早く、長く安全に派遣できるよう、調整を進めました。このとき、入構して一年。やりがいを感じながら仕事に取り組んでいる自分に気づきました。

最後に

「青年海外協力隊」の言葉しか知らなかったＪＩＣＡ一年生の私は、多くの人と協力して、新型コロナウイルスの流行による事業の中断と再開という前代未聞の業務に取り組むことになりました。ベトナムや、ラオス、マレーシアと担当国の渡航再開が続く一方で、隊員によっては、活動の特性上なかなか赴任がかなわないこともあり、その隊員の気持ちを思い、私のほうがオンライン面談で涙を見せてしまうこともありました。また、再派遣がかなわずに活動を終えた隊員や、渡航さえかなわなかった隊員候補者もいました。この方々は、隊員活動への思いを噛《か》みしめながらも、強く次の一歩に踏み出されました。このような隊員を含め、事務局、事務所、安全管理部、健康管理室ほか本部の関係部署、そして国内拠点における関係者が、各々の役割を全《まっと》うし着実にバトンをつないだからこそ、現在のＪＩＣＡ海外協力隊事業があると考えています。

一人ひとりが各々の立場で悩みながら行動したことが、開発途上国の方との信頼関係につながり、人々の行動を変え、ひいてはその国・世界を変えていること。ＪＩＣＡに入構した一年目で、私はこれを実感することになりました。ここにはまさに、「世界を変える力になる」ことが示されていました。

私も、いつか、信頼のバトンを世界につなぐことで、より多くの人が夢を持ち、それを実現できる世界の力になりたいと思います。

〈プロフィール〉

鈴木 友理（すずき・ゆり）。一九九七年生まれ、東京都出身、アメリカカリフォルニア州、中国上海市、兵庫県神戸市育ち。中国で学校に通えない子どもたちを見た経験から、国際協力のキャリアを志し、大学において教育社会学を学び、二〇二〇年入構。青年海外協力隊事務局にて東南アジアと大洋州を担当し、渡航再開第一カ国目のベトナムも担当。その後人間開発部高等・技術教育チームを経て、現在はラオス事務所にて勤務。

ウズベキスタン

10 汚職を予防すると、国が発展する⁉

#汚職対策

#法整備支援

#プロジェクトの立ち上げ

芳村慶祐

突然舞い込んだウズベキスタンからの相談

二〇二三年、ウズベキスタン汚職対策庁（The Anti-Corruption Agency of the Republic of Uzbekistan: ACA）から「ウズベキスタンから汚職を減らす手助けをしてほしい」という相談が舞い込んできました。

後に紹介するように、汚職をした人に対する刑事手続きを適切に進めることに焦点を当てた協力であれば、これまでのＪＩＣＡの経験をもとに検討することは容易です。しかし、今回の相談は、「汚職を発生させないための仕組み作り」に関するものでした。これまでＪＩＣＡであまり取り組んだことのない協力であり、担当となった私は非常に頭を悩ませたのでした。

ＪＩＣＡも私自身も「あまり経験がないから」とは言っていられない。一若手職員の判断が、協力の実施有無や内容を左右するかもしれない。そんな仕事の難しさとやりがい、楽しさをお伝えできればと思います。

時代の変化に合わせた法整備支援

今回の汚職対策に関する協力はＪＩＣＡが各国で実施している「法整備支援」の一環として行われるものです。ＪＩＣＡでは一九九六年にベトナムに対する法整備支援を皮切りに、主に技術協力の枠組みで東南アジアや東・中央アジア諸国において法整備支援へ取り組んできました。

「法整備支援」と聞いて、皆さんはどのようなイメージをお持ちになるでしょうか？「法整備」と書いてあるので、開発途上国が民法や刑法などの法律を作成する際に、助言などを行うことをイメージされる方もいらっしゃるかもしれません。実際、協力開始当初は民法等の作成支援（これを法令起草支援とよびます）を行っていました。その後、各種法令の整備が進むにつれ、それらを実際に運用する人材の育成が重要だ、との問題意識のもと、実務家の能力向上を目的とした協力にも取り組んできました。

　これらの協力も引き続き実施しながら、現在では、将来、各国の法律分野で中心的な存在となっていく若者を育成するために日本への留学生受入事業を実施する他、市民が何か問題を抱えた際に、適切な法的救済を受けられるための仕組み作り（これを「司法アクセスの向上」といいます）、企業活動を実施するうえで、企業活動が人権を侵害していないかチェックし、人権侵害があった場合には確実な救済策を講じていくための仕組み作りを行う「ビジネスと人権」といった、新しい分野の協力にも取り組んでいます。法整備支援も時代の流れに合わせて、その時々に必要とされている協力を行っているのです。

　私が法整備支援を担当した二年の間、ウズベキスタン以外にも多くの国から汚職対策に関する協力を実施できないかと相談を受けました。汚職対策は、開発途上国において近年急速に関心が高まっている分野です。

汚職対策のニーズを探る

ＪＩＣＡの担当職員は、相手国政府からの要望の聞き取りや、その内容をもとに、どのような協力が必要かを考え、その協力を実施していくためにどのような方にご協力をいただくかを検討し、協力実施の先頭に立ってプロジェクトを進めていく役割を果たしています。ここまでもたびたび紹介してきたとおり、その役割は法整備支援を進めていく際の「プロデューサー」です。

プロジェクトの形が決まれば、次は専門家に協力を依頼します。法整備支援において欠かすことのできないのは、日本の法曹（裁判官、検察官、弁護士）や大学の先生方です。こうした方々のご協力を得ながら、相手国からなぜそのような要望が出てきたのか、背景にある課題をさらに深掘りし、特定します。そして、特定された課題を解決していくために現地や日本での研修を通じて必要な知識を提供し、相手国とともに課題解決の道筋を立てていく、という方法で協力を進めています。

私もプロデューサーとして全体の枠組みを考えるために、まずは、なぜウズベキスタンＪＩＣＡが汚職を予防したいと考えているのか、どんなニーズがあるのか、理解することが必要でした。

汚職の定義は国それぞれ

さて、皆さんは「汚職」と聞いたときにどのようなイメージを持たれるでしょうか。ニュースで見聞きするような、大規模な事業を巡ってとある企業が公務員に対して賄賂を贈ることを連想する方もいらっしゃるかもしれません。

これもひとつの汚職だといえますが、じつは汚職という用語には国際的に統一された定義はないのです。「公職にある人が、地位や職権を利用して収賄などの不正な行為をすること」（デジタル大辞泉）と定義づけるものや、「自分の地位や職業上の権利を利用して、賄賂をもらって不正に何かしてあげたり、個人の利益を得ること」（UNICEF）と説明するものもあります。そのため、汚職対策の協力を進めていくうえでは、まず汚職とは何かの共通認識をもつことが重要だと考えています。

実際、ウズベキスタン側と協議を行っていても、認識の違いに直面することがしばしばありました。たとえば、公務員に対して高価なお土産を渡すことを汚職と捉えるかについて、ウズベキスタンではそのように考えない方もいるようでした（おそらく日本で同じことをした場合、汚職だ、賄賂だと非難されると思います）。

汚職対策へのニーズを探る

日本では汚職だといわれるようなことを問題としない人が多いにもかかわらず、なぜ開発途上国は汚職対策に関心が高いのでしょうか。

まず、汚職が行われることで本来支払う必要がない金銭を国民が支払うことになる、賄賂を受け取った人物の意向によって物事の判断が左右されることで決定プロセスの適正さが担保されないという問題があります。このような事態を避け、透明性のある経済的な行政運営をしていきたいという思いがあると思います。

また、外国投資を呼び込み、より発展していくためにも汚職のない経済環境を整えていくことが重要と考えているからだと思います。汚職がはびこっている国・地域に対しては、外国資本が経済成長の重要な要素である投資を敬遠する傾向にあります。実際、米国国務省の調査では、ウズベキスタンでは公共調達（政府が事業を実施していくために、入札等により、事業者を決定していくこと）における汚職が未だ課題であり、外国投資促進の阻害要因になっているとも指摘されています。

加えて、世界各国の大多数が批准する腐敗の防止に関する国際連合条約（United Nations Convention against Corruption: UNCAC）は、汚職防止のために必要な措置をとることを批准国の義務としています。この義務の履行も大きな理由のひとつです。

このようなニーズに応えるべく、ＪＩＣＡは国連アジア極東犯罪防止研修所（UNAFEI）と協力のうえで、一九九八年から汚職対策の研修事業を実施してきました。これは、汚職事案をどのように捜査し、摘発し、訴追するかという、事案発生後に取る刑事手続きに焦点を当てたアプローチでした。汚職に手を染めた場合には検挙され、処罰される体制を整えることで、それが抑止力となり、汚職事案の減少に貢献するという考え方です。研修では日本を含む各国の取り組みを紹介し、そこで得た知見をもとに、参加国においてどのような対処が可能かを検討してもらうという形式で実施しています。この研修は各国から好評であり、今もなお多くの国から参加を得ています。

ウズベキスタンもこの研修に参加して汚職対策に取り組んでいましたが、まだまだ撲滅にはほど遠い状況にありました。そのためＡＣＡは汚職の予防が必要だと考え、ＪＩＣＡに相談が入ったのです。こうして、ＪＩＣＡの協力で制度づくりと公務員・国民向けの啓発活動を行うプロジェクトを行うこととし、日本国内だけでなく、世界各国の汚職予防に関する取り組みを研究されている大学教授の方々に協力を依頼することになりました。

はじめてのウズベキスタン、はじめての相手との協議

背景にある課題をさらに深く理解し、プロジェクトの具体的な形をつくるために、私は二〇二三年六月に現地出張を行い、汚職対策を専門としている大学の先生方とともに、汚職を巡る現状把握と課題の確認をすることとなりました。これまでウズベキスタンに行ったことのない私は楽しみ半分、不安半分といった心持ちで現地に到着したのでした。

ＡＣＡとの協議に向け、私は緊張しながらも、ＪＩＣＡとしてどのような内容・規模の協力であれば実施可能かなどを想定しながら、直前まで準備を行いました。協力期間や予算、日本国内で協力してくださる専門家の人選までは事前に決めることができまし

汚職対策庁との協議の様子。

たが、プロジェクトを実施するときに、具体的にどのような方法で（日本で研修をするのか、ウズベキスタンで研修をするのか）、どのような内容の協力を実施するのか（一から制度づくりをするのか、既存の制度を改善していくのか等）は、ＡＣＡの要望を具体的に聞きとってからでないと、決めることができないため、現地で判断しなければなりません。

そして、いよいよ迎えた当日。ＡＣＡの長官以下、多くの中心メンバーが我々出張団を温かく迎え入れてくれました。ＪＩＣＡはこれまでＡＣＡに対して協力を実施したことがなかったため、まず私は一般的な協力方法について説明をするとともに、ＡＣＡが具体的にどのような協力内容を日本側に期待しているのか、丁寧にヒアリングを行いました。先方からはさまざまな要望があり、政府が工事や大きな契約を締結する際に汚職を発生させないための制度づくりや、関係省庁の職員への研修実施、「汚職はよくないことだ」と公務員や国民に知らせる（これを啓発活動といいます）ための資料作成など、多岐にわたるものでした。

他国でも協力を検討する際に私たちＪＩＣＡ職員が頭を悩ませるのが、その中でどの部分に注力していくかを見極めていくことです。そのときに考えなければならないのは、お金（予算）のこと、国内リソースの検討、相手国政府内での当該ニーズの位置づけ・必要性、日本の技術協力として実施する意義など、多岐にわたります。

そのうえ、私のような若手職員であっても、その発言はＪＩＣＡを代表するものとなり、大きな責任が伴うのです。「あれもこれもやりましょう！」と言いたくなるのはやまやまですが、相手に過度な期待を抱かせないよう慎重に、しかし、可能なかぎり相手の要望に応えるための方策を考えながら、回答をしていく必要があります。協議前にＪＩＣＡ内で対応を協議してから行くのですが、その範囲内でいろいろなことを決めていく必要がある。そして決められる。これがＪＩＣＡ職員の醍醐味《だいごみ》でもあり、難しい部分でもあると、つくづく実感します。

ヒアリングで訪れたウズベキスタン最高裁での集合写真。

出張の現場で決断を下す

ＡＣＡからの要望は多岐にわたりましたが、予算にも限りがあり、また、その時点では一年間のみの協力とすることが決まっていましたので、その範囲内で実現可能なものに絞り込む必要がありました。そのため、出張期間中に数度の協議を重ねてＡＣＡの現状認識を丁寧にヒアリングし、ＡＣＡがまずは何に取り組むべきだと考えているのかを確認しました。

その結果、先ほど挙げた中から、

二つに絞り込むことができました。一つめに、公共調達において汚職を防止するための日本の取り組みの紹介、およびその内容に基づく制度設計。二つめに、公務員および国民に対する啓発活動の実施です。協議に同行していただいた大学の先生方にも確認し、日本において優れた取り組みがあり、それを紹介することでウズベキスタンにとっても参考になるであろうこと、またどちらの活動も、一年間という限られた期間でも一定の成果を生み出すことができるとの回答を得たため、この二つに絞り込むこととしました。

このように出張の現場で決断を下すことが求められ、さまざまな事柄を検討したうえで、回答を出す。一担当ではあるものの、大きな責任が伴います（実際、そこで間違った決断をしてしまった場合――たとえば、日本側の有識者と協力して取り組むことができないような内容の協力を約束してしまうケースでは、プロジェクトの実施そのものが危ぶまれることもあるのです）。

並行して、依頼のあったACA以外の機関にも働きかけました。汚職防止のためには、賄賂などを受け取る公務員側のみの対策では不十分で、賄賂を贈ってしまう民間企業側にも対策が必要です。そのため、ウズベキスタンの大手企業に対策の状況などをヒアリングし、より効果的なプロジェクトを実施できるように準備を進めていきました。

真っ白なキャンバスに下書きをする

無事にプロジェクトの形がまとまり、ウズベキスタン側からも正式に実施に関する要請がなされたため、二〇二四年度に「投資環境整備に向けた汚職対策促進」というタイトルで協力を実施することとなりました。

主な取り組みは、日本で一～二週間の研修を実施することと、現地で短期間のセミナーを開催することです。ここからは、それぞれをどのような内容で実施するのかを考えていくことが私の仕事となりました。

これらの研修を実施する際、まず、ＡＣＡの関心に沿い、効果的なものにするためには、研修を通じて何を学んでいただくべきなのかを考えます。そして、その内容の研修を実施するためにはどの方に講師をお願いすればいいのかを検討していくこととなります。いわば、真っ白なキャンバスに下書きをしていく作業です。

この下書きに色を付けていくのが、プロジェクト実施時にご協力をいただく専門家の方々です。具体的な研修内容の相談に乗ってくださるだけでなく、講師としても登場します。

豊富な知見を有する専門家とともに、私たちもウズベキスタンの要望に沿って、オーダーメイドのプロジェクトを作り上げる一助を担ってきました。相手国が何を必要としていて、日本として何であれば対応可能かを見きわめ、日本のもつ多様なリソースをもって、各国のニーズに即したプロジェクトを一から作り上げていく。そして実施段階においても、相手側の要望をきめ細やかに把握し、可能なかぎりこれに対応をしていく。これこそが日本ならではの協力のあり方だと考えます。

ＡＣＡの期待を背負って

この汚職予防のプロジェクトは、可能なかぎりＡＣＡの要望を盛り込んだ内容になりましたが、実際にプロジェクトを開始した際には、その他の要望も出てくるものと思います。プロジェクト形成時や実施時に多くの要望が出てくるのは、ＡＣＡがこのプロジェクトに真剣に取り組んでいる現れでもあり、日本への期待度が高いことの現れでもあると感じています。

私がACAと議論をしているときの彼らの非常に真剣な眼差《まなざ》しはとても強く印象に残っています。当初予定していた会議時間を大幅に超過しても、ACAのメンバーは説明や質問を続けていました。会議が終わった後、ACA職員の一人が私に対して、「皆さんが一つひとつ丁寧に答えてくれるから、つい話しすぎてしまった。でも、率直に意見交換ができたからこそ、日本の皆さんを信じてプロジェクトに取り組めそうだ」と話してくれました。事前の準備をしっかりとし、豊富な経験を持つ専門家とともにACAとお話しできたことに安堵《あんど》するとともに、ACAとともにプロジェクトに取り組めば、ウズベキスタンの汚職を減らすことに貢献できるのではないかとの思いにも至りました。

さて、このプロジェクトは、二〇二四年度に開始しましたが、これから活動が本格化を迎えるというタイミングで私はベトナム事務所へ異動することとなり、その活動を見守ることができなくなりました（ＪＩＣＡでは二〜三年ごとに人事異動があるため、このようなことはしばしば起きます）。

しかし、私がプロジェクトを作り上げた担当として感じたACAの真剣な姿勢やプロジェクト形成時に大切にしてきた想《おも》いを後任に託しました。今後、本プロジェクトを着実に、かつ、よりよい形で実施してくれるものと信じています。本プロジェクトを実施したことで、ウズベキスタンの汚職対策が進み、汚職のないクリーンな経済環境が整うことを願いつつ、今後も本プロジェクトの行方を見守っていきたいと思います。

〈プロフィール〉
芳村　慶祐（よしむら・けいすけ）。一九九五年生まれ、愛知県出身。大学、大学院では法律を専攻しながら、開発法学、比較法学等を学ぶ。在学中、ベトナム、ラオスの法整備支援プロジェクトのインターンシップを経験したことから、法学と国際協力のつながりを知り、JICAを志す。二〇二〇年入構。東南アジア・大洋州部東南アジア第三課にてベトナム向けの円借款事業を担当したのち、二〇二二年よりガバナンス・平和構築部ガバナンスグループにて法整備支援に携わる。現在はJICAベトナム事務所にて法整備支援プロジェクトを含むガバナンス分野の協力を担当。

〈参考文献〉

2023 Investment Climate Statements: Uzbekistan, U.S. Department of State.

インド

11 ビジネスと社会課題解決の触媒を目指す、新時代の国際協力

#民間セクター開発

#双方向のビジネス連携

松本颯太

新時代の国際協力の種は「インド×民間セクター開発」に⁉

国際協力には地域や課題ごとのさまざまな切り口があり、いかに多様な領域で展開されているかは、ここまでの章でたくさんの掛け算（国／地域×課題）を見てきたとおりです。私はそれらの中でも、「インド×民間セクター開発」ほど「新時代の国際協力」を象徴しているものはないのではないかと思っています。「インド×民間セクター開発」というこの切り口で、私の経験した国際協力を見ていく前に、ごく簡単に掛け算のそれぞれの項について触れたいと思います。

まず、インドという国についてです。ＪＩＣＡが支援対象とする約一五〇の国や地域

の中で、インドという国は、比較的読者の皆さんにも知られているのではないでしょうか。昨今では今後の日本の重要パートナーであり世界を牽引《けんいん》していく国々として「グローバルサウス」という言葉がさかんにメディアに登場しますが、その代表格でもあります。なんといってもインドは今や中国を抜き世界第一位の人口大国。その数、国連発表によれば二〇二三年四月末時点で一四億二五七七万人。今後も成長を続け、二〇六〇年には一七億人に達すると見込まれています。そんな絶大な人口ボーナスもあり、インドの経済（民間セクター）は著しい成長を続けています。ＩＭＦ（国際通貨基金）の分析によると、二〇二三年の名目ＧＤＰは日本に次ぐ世界五位、そして二〇二七年には日本およびドイツを抜き世界三位の経済大国になると予測されているほどです。

次に、民間セクター開発という国際協力の分野について少し触れます。民間セクター開発とは、途上国が自立的な経済成長および財政安定化、雇用の創出、国民所得の向上を実現するために不可欠となる、民間企業やそれを取り巻く環境の活性化を実現するための取り組みです。読者の皆さんの中には、「国際協力というのは、たとえば教育や医療など、公的な色あいが強い分野の支援を行うものであり、民間セクター（ビジネス）

の成長は対象外なのでは？」というイメージをお持ちの方もいるかもしれません。たしかに、私たちの日常において、何らかのモノやサービスを受け取り、身の回りの課題を解決する代わりに企業に対価を支払うということがごく自然に、無数に発生しています。つまり、本来はビジネスそれ自体の中に、何らかの社会課題を解決することの対価として収益をあげるという、課題解決とビジネス成長の持続的なサイクル（こうしたサイクルを生み出す、民間企業とそれを取り巻く環境を「エコシステム」とよぶことがあります）があるはずです。しかし、とくに途上国においては、民間セクターの成長の基盤となる技術やノウハウ、資金、担い手となる人材の不足、ビジネス・投資に関する法律や制度の未整備など、ビジネスの自立的な成長や社会課題の解決を妨げるさまざまな障壁があります。これらを解消し、ビジネスと社会課題解決を持続的につないでいくためには、公的セクターの介入が重要です。そこでＪＩＣＡでは、現地民間企業の育成や競争力強化、イノベーションの創出、投資促進や産業振興の推進により、途上国の民間セクターの成長を促し、当該国の経済社会成長を目指す取り組み、「民間セクター開発」を実施しています。

経済大国にビジネス支援？

インドと民間セクター開発というそれぞれの項については前段で見てきましたが、「そんな経済大国のインドでなぜＪＩＣＡが民間セクター開発支援をするの？」という疑問を持たれる方もいるでしょう。大きく二つの観点でその理由を考えてみます。

一つめは、インドの「包摂的かつ持続可能な成長」の必要性です。前述のとおりインドの経済成長には目を見張るものがありますが、名目ＧＤＰ（国の経済規模）で見ると二〇二三年に日本に次ぐ世界五位の一方、人口一人当たりのＧＤＰ（一人あたりの経済規模）で見ると日本の約三万四〇〇〇米ドルに対し、インドは約二五〇〇米ドルであり、国家レベルでの経済成長を国民レベルに波及させていくことは急務です。現に、インドでは都市部と農村部に大きな格差が生じていることや、水や食料、医療・福祉といった生活基盤の未整備が社会課題として認識されています。

こうした状況をふまえ、投資促進・産業振興支援によって民間企業のさらなる成長を促し、雇用の創出・国民の所得向上を実現すること、革新的な手法で社会課題解決に挑むスタートアップへの支援等を通じたイノベーション創出により、従来のビジネスではリーチできていなかった、もしくは取り残してきた社会的脆弱層《しゃかいてきぜいじゃくそう》（経済的な困窮・不安定な雇用に苦しむ方々、障害やジェンダー格差に苦しむ方々など）に対するもう一歩踏み込んだ支援（ラストワンマイル支援）を実現することなど、インドにおける民間セクター開発はよりいっそう重要性を増しています。さらにいえば、世界最大の人口大国であるインドは、同時に世界最大の貧困層（世界銀行の最新の定義では、「一日二・一五米ドル未満で生活する人々」）を抱える国でもあり、世界の貧困層の約二割を占めるとされています。つまり、インドの包摂的かつ持続可能な成長は、世界全体にとっても非常に重要な課題といえます。

そして二つめですが、「インドと日本の双方向の貢献・協力」の必要性です。ＯＤＡ（政府開発援助）は主に日本国民の税金（公金）によって実施されるという性質をふまえると、インドの民間セクターが成長することにより日印の企業間の協働・連携関係が強化され、両国の経済成長に資することは非常に重要な目的のひとつとなります。他方、違った視点で考えると、インドを筆頭に急速に成長を遂げている途上国各国との国際協

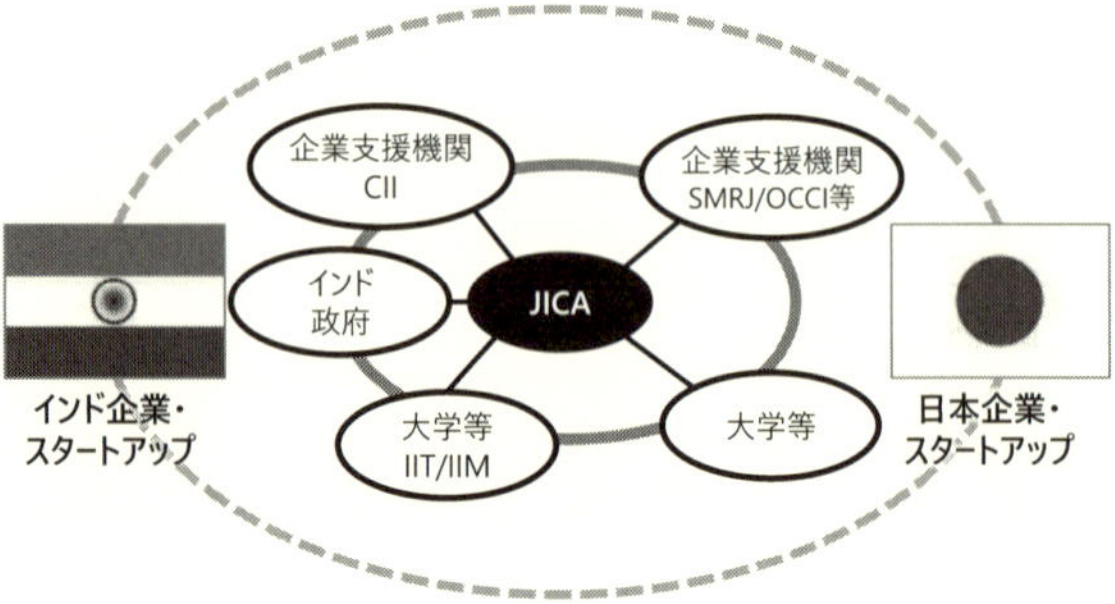

SGBBE プロジェクトのエコシステムのイメージ。

力において、日本から技術や資金を支援するという一方向的な取り組みではなく、途上国を真のパートナーとして、双方向の経済社会成長・課題解決に取り組むことがきわめて大切になっています。

日印の民間企業と学術機関が協力するプラットフォームをつくる

ここからは、私が経験した、インドにおけるスタートアップ支援・投資促進・日印のビジネス連携促進を目的としたプロジェクト（正式名称は、「経営幹部育成を基盤とした日印共創ビジネス交流促進プラットフォーム構築プロジェクト」。英語名の頭文字を取り、以下「SGBBE プロジェクト」）について述べたいと思います。

なぜ国際協力として途上国の民間セクターへの支援を

するのか、とくにインドにおけるそうした協力の重要性についてはこれまで述べてきたとおりですが、具体的なプロジェクトはどんなもので、どのように形成され実施されるのでしょうか。

本章でご紹介するプロジェクトは、日印の産業・学術界（アカデミア）の連携を促進し、双方においてビジネスの成長、イノベーションの創出を生み出すエコシステムを発達させることを目的としたものですが、じつはこのプロジェクトの形成に至るまでに長年にわたる背景があります。

ＪＩＣＡは二〇〇七年から二〇二一年まで一貫して、インド工業連盟（日本の経団連に相当する組織。The Confederation of Indian Industry: CII）およびインド工科大学（Indian Institute of Technology: IIT）・インド経営大学院（Indian Institute of Management: IIM）といったインドの国立大学に対する協力を実施し、とくにインドの製造業における人材育成や日本の企業との連携による技術移転などに取り組んできました。約一四年にわたるこうした活動により、インド産業の今後を担う多くのリーダーが育成されたと同時に、産業振興の土台が形成されたことを受け、この成果を活用して日印企業のビジネス連携を強化することを目指してSGBBEプロジェクトを立ち上げることが日印政府間で合意されました。

SGBBEプロジェクトの肝は、名前にもあるとおり日印間のビジネスにおける「プラットフォーム構築」です。前述のとおり、一方向的な支援ではなく日印間の双方向的なパートナーシップ協力を構築することが目的であり、JICAが触媒として連携の土台となる場を作り、日印の民間セクター支援機関や学術機関の連携を生み、その先で日印の民間企業間の連携関係を創出することを目指してプロジェクトの中身を作っていきました。すでに協力関係にあり、SGBBEプロジェクトでも中核を成すインド政府やCII、IIT・IIMと日印間の連携活動案について協議を行いつつ、インドの製造業企業やスタートアップ、企業支援機関（コンサルティングファームや投資機関等）など、インド側のパートナー候補を開拓するとともに、インドに進出している日系企業、インド企業向けに投資等を行っている機関など、日本側の連携相手を探すことにも注力しました。

さまざまなアクターの活動内容や得意分野、課題をつかんだうえで、各ニーズに応え、シナジーを生むことができるような構図を築くことは非常にチャレンジングでした。加えて、もちろんですが、ただただ誰かと誰かをつなげることが国際協力の目的ではなく、日印双方の社会課題の解決、そして経済社会の発展に役立つような絵を描くことが重要です。特段の専門知識もなく入構したばかりの私にとって、非常に難しいお題でした。

大切なのは、主体性と積み重ね

そんなお題に、JICAとして、そしてJICA職員としてどう取り組むか。本書の「はじめに」でも出てきたとおり、JICA職員には「プロデューサー」としての立ち回りが大切です。開発の主体者はいつだって現地の方々であり、SGBBEプロジェクトにおいてはそれを支え、共に高めあう日本の企業や企業支援機関の方々がいる、それらの役者が目的に向かって協働し、未来を創っていくために、自分には何ができるだろうか、JICAにしかできないことは何だろうか、と考えながらの挑戦でした。

具体的に連携活動の種を考えてみると、インドの民間企業がさらに成長し、インドの包摂的かつ持続的な成長にさらに寄与するためには、製造や経営にかかわる技術の獲得や人材育成、そして日本を含む海外市場への展開や資金（投資）獲得が必要です。また、インドでも急速にスタートアップ企業が成長しており、革新的なビジネスによる社会課題解決のポテンシャルが非常に高いですが、新興ビジネスであるからこその人材面・資金面等の課題を抱えています。

反対に、日本側を考えてみると、言わずもがなインド市場は巨大で、大きな経済的インセンティブがあります。他方で、自力でインドに展開する日系企業はまだまだ少数で、インドでの連携先企業や企業支援機関の目利き、現地での活動方法について高いハードルがある状況です。

こうした状況を踏まえながらプロジェクトデザインを進めていきますが、私は、いいプロジェクトを作るためにもっとも大切なことのひとつは、相手国の主体性を醸成し、自分ごととして取り組んでもらうことだと思っています。そのため、まずはCIIやIIT・IIM、そしてインド政府の担当者と、SGBBEプロジェクトの骨格を作るうえでの重要なテーマを抽出する議論からスタートさせました。新型コロナウイルスの影響が続くなか、オンライン会議も活用しながらインド側と議論を重ね、テーマを大きく次のように整理しました。

① 製造業のデジタル化――インド産業を担う多数の人材育成という過去の協力の成果を活用しつつ、昨今の急速なデジタル技術の進化を取り入れ（Industry4.0。第四次産業革命とも呼ばれています）、生産性や品質を高めることで、インド産業のさらなる成長を促すこと。

② スタートアップ支援――インドにおける経済成長、社会課題解決を促進するために、新たな革新的ビジネスに取り組むスタートアップの成長を支援すること。

③ ビジネスマッチング――魅力のある巨大マーケットであるインド市場の認知を高め、日本企業との間で具体的なビジネス連携を創出し日印双方の経済に資すること。

次に、プロジェクトの全体デザインを具体化すべく、実際にインドの製造業企業やスタートアップ、日本の企業支援機関や企業、大学等へのヒアリングを重ねていきました。多様な関係者をつなぎながらプロジェクト内容を作るうえで、大事にしていたことは、ゼロから新たに作ることよりも、各アクターが既に実施している取り組みや有しているネットワークをうまく活用することで、取り掛かりやすさを高めることです。

たとえば、ＪＩＣＡが長年協力を続けてきた人材育成プログラム等を通じ、技術や経営について知見を深め、かつ日本企業との連携に関心のあるインド企業群が育っていますし、こうした企業群のハブとして目利きができるＣＩＩというパートナーがいます。

一方、日本側のアクターとしても、長年にわたり海外人材に対する産業分野の研修等を実施している一般財団法人海外産業人材育成協会（ＡＯＴＳ）や、日本と海外のビジネスマッチングを実施している中小企業基盤整備機構（ＳＭＲＪ）、大阪商工会議所（ＯＣＣＩ）といった企業支援機関がいます。

多様なパートナーとの共創による日印連携の種

こうした過去の協力でつちかった成果を活用して、ＣＩＩが可能性のあるインド企業を目利きしながら、ＪＩＣＡが触媒となって、ＡＯＴＳによるインド企業向けの Industry4.0 研修プログラム、ＳＭＲＪやＯＣＣＩが実施するビジネスマッチングイベントへ

中小企業基盤整備機構（SMRJ）との協力のもと実施した日印の民間企業のビジネスマッチングイベントの様子。

IIT マドラス校で学生向けに行われた、SGBBE プロジェクトの説明会。当時は新型コロナウイルスの感染拡大中で、インドでも厳戒態勢だった。

のインド企業の参加プログラムなどを企画・実施しました。もちろん、研修の成果が実際のビジネスで活用されることや、具体的な協業までには相応の時間を要しますが、デジタル化・高度化に向けた取り組みや、複数の日印企業間での商談や連携に向けた協議が始まっています。

また、大学等の学術機関どうしの連携としても、過去の協力により日本のビジネスとの親和性が高い学生がＩＩＴ・ＩＩＭをハブに育成されており、ひとつの取り組みとして、こうしたインド人学生四〇名が来日して名古屋大学の学生二六名と合同でチームに分かれてビジネスプランを練るワークショッププログラムも実施しました。車いす利用者や高齢者への聞き取り調査を実施し、日本とインド双方で活用できそうなバリアフリーデザインのアイデアを練ったチームもあり、インド人学生からは「一緒に日本の人々を助けられる解決策を見つけることができ、同じ解決策を我が国（インド）でも適用できると感じた」といったコメントがありました。

こうした活動をきっかけに、日印の大学間で大学発スタートアップの創出を含めたビジネス成長に資する互いのノウハウ共有や人材の交流、有望なスタートアップへの相互

インドの大量車社会化による大気汚染等の課題に対し、スタートアップが実証を進める安価で簡易的に操作できる電気自動車。日本企業との連携で実用化を目指している。プロジェクト形成にあたってはインド各地を回りながら、有望なスタートアップ、企業支援機関を探しながら協力関係を築いていく。

的な投資・技術協力といった連携活動が構築されることを目指し、日本の他機関との連携可能性も含め取り組みを進めています。

さらに、テーマ②のスタートアップ分野においては、JICAが各国で実施しているプロジェクトNINJA（Next Innovation with Japan の略。途上国における社会課題を自らの手で解決しようとする現地の起業家たちに対するイノベーション創出に向けた支援として、二〇二〇年から世界各国で実施しているプログラム）を取り入れ、日本企業からインドのスタートアップと連携したい分野、抱えている課題、自社の強みなどを「お題」として提供してもらいました。選考を突破したインドのスタートアップ企業は、ビジネスの成長支援を受けたり、日本投資家向けのプレゼンを行うことができるプログラムが進行中です。これも、日本の投資家や大企業、スタートアップ企業などに対してインドのスタートアップ企業のポテンシャルを認知させ、双方の連携活動を促す仕掛けです。

ビジネスと社会課題解決の持続的なサイクルの土台をつくる

日印双方が互いに課題やニーズを抱えている以上、連携は自然に生まれるようにも思えるのですが、やはりそこには大きな壁があります。ＪＩＣＡのような「日本の機関」として「途上国を深く知る」アクターが結節点となって双方のニーズを丁寧に把握し、多様なアクターに合わせ土台を整えつないでいく。これもひとつの新しい国際協力のあり方なのではないでしょうか。

今後ますますインドをはじめとする途上国は成長を続けます。それと同時に、日本の民間セクターにとって、途上国がますます重要なビジネスの連携相手となってきます。

そんななかで、民間同士のビジネス連携が生みだされ、持続的に発展する。それにより社会課題解決がいっそう進んでいく。そんなサイクルを作るために、ＪＩＣＡは触媒として大きな役割を担っていると思っています。SGBBEプロジェクトはまだ始まったばかりですが、こんな新しい国際協力を象徴するプロジェクトとして、今後もさまざまな連携の種を生み出していくと思います。

私自身も、SGBBEプロジェクトの形成過程で学び考えたことをもとに、「公的セクターとして民間セクターを考える」こと、つまり民間セクターの持続的発展と社会課題解決というエコシステムを回すために、公的セクターとして何ができるかを突き詰めていきたいと考えています。

国際協力は、遠い国の話でも、意識の高い話でもありません。インドと日本の関係にも象徴されるように、今や日本と途上国は深くつながり、日本の社会課題解決のためにも国際協力が必要でもあります。また、民間セクターの持続的発展と社会課題解決のサイクルができれば、慈善活動ではない経済合理的な活動により社会課題が解決できる、そんな社会を作れると信じています。本書を読んでくださっている皆さん一人ひとりが、自分自身や身の回りの社会、そして国という枠を一歩でも超えた視点で考え、未来の日本、そして国際社会を共に形作ってくださることを願っています。

〈プロフィール〉
松本 颯太（まつもと・そうた）。一九九九年兵庫県生まれ、広島県育ち。法学部で国際法を学び、イギリスへの交換留学等を経て二〇二一年入構（入構以前の途上国経験はゼロ）。入構後、経済開発部にてアジア地域における民間セクター開発支援のプロジェクト形成・監理に携わる。二〇二三年より財務部にてＪＩＣＡの資金調達、予算戦略・計画の策定および執行管理業務に従事。

ジャイクエ

12

共創と革新は、チームの力と日々の手続きがつくる

＃新規事業立ち上げ
＃事務作業
＃チームワーク

神武桜子

三年目のモヤモヤから始まった

ＪＩＣＡに入構して二年半が経《た》ったころ、私の中には小さなわだかまりがありました。仕事のやりがいは十分ありました。入構して早々、バングラデシュに大きな鉄道橋を架けるための円借款（有償資金協力事業）の審査や、円借款の制度やルールそのものをよりよいものにするための日本政府・関連する民間企業との意見交換・交渉など、やりがいがありすぎるくらいの仕事を担当させてもらい、機会に恵まれた新人時代を過ごしていました。入構してからの毎日は、大きなプロジェクトの一部にかかわるなかで、たくさんのタスクの処理と、書類の作成と、山積みの勉強。やらなければならないことで

頭がいっぱいでした。

ところが、日々の仕事を通じて国際協力に携わるさまざまな立場の関係者の意見を見聞きするなかで、徐々に先の見えない感覚を抱くようになりました。社会情勢は入構当時から改善されず、むしろそれ以上に混沌《こんとん》としつづけていました。開発協力は誰のために行っているものなのか、自分たちの仕事がどれだけ社会の役に立っているのか、膨大な手続きをひたすらにこなすことで精いっぱいな日々の業務の行先が、だんだんわからなくなっていきました。

そんなふうにモヤモヤしていたところ、企画部から、「新規事業アイデア募集」のお知らせが届きました。それは、組織内の誰からでも新たな事業の発案を歓迎し、選考を通過したらその事業を実施するのに必要な予算も手当され、提案者は社内起業・社内ベンチャーのような形でその事業を実施できるという、ＪＩＣＡが business as usual（いつもの仕事）を打破するために行った取り組みでした。

当時の若手職員にとって、自分たちのアイデアで新しい何かを始められるかもしれないこの企画は、魅力的なチャンスに映りました。モヤモヤしていたのは、わたしだけではなかったようで、企画部からのお知らせがあるやいなや、同期の八里直生《はちりすなお》さんから、「何か面白いことをやりたい人は一緒にやらない？」という声がかかりました。そこに手を挙げたメンバー四名が加わり、のちに新規事業「ジャイクエ」を生み出すチームが結成されたのです。

ジャイクエ運営チーム発足

ジャイクエ運営チームは同期五名。情報通で高いアンテナをもつリサーチャーな齋藤《さいとう》友理香《ゆりか》さん。多角的な視点から物事を考えられる戦略家な八里さん。人を見る力、メンバーや協力者の力を引き出す力に長《た》けている山江海邦《やまえみくに》さん。型にとらわれない柔軟な思考と行動力をもつ前田紫《まえだゆかり》さん。大きな声で元気に話し、共感を集めるのが得意な神武というメンバーで結成されました。

もともと「同期として普通に仲がよい」くらいの、上下のないフラットな関係でしたが、それぞれの担当業務に加えて新規事業をゼロから立ち上げるためには、お互いの足りないところを補いながら、チームワークよく取り組んでいくことが大切でした。

ジャイクエ運営メンバー。

そこで、チームを結成して間もなく、一泊二日の合宿を開催し、お互いをよく知るためのさまざまなワークを行うことにしました。たとえば、性格診断をふまえて各々の大事にしている考え方や仕事の進め方の傾向をシェアしたり、それぞれのこれまでの人生のモチベーショングラフを作って自身の価値観が形成されてきた歴史を共有したり。それらを進めるうちに、お互いの得意不得意が見えてきて、チーム内での役割分担がだんだんとできあがっていきました。

フラットなチームワークが生んだジャイクエ

さて、ここでジャイクエについて説明し

ておきましょう。

JICA Innovation Quest、略して「ジャイクエ」。

多様化、複雑化する世界の問題は、普段からＪＩＣＡを通じて接する近しい業界だけでは、解決できないのではないか。もっと広く、異なる分野で活躍する人々の力や視点を国際協力のフィールドに持ち込み、ＪＩＣＡ内外の人々がフラットな関係の中で事業のアイデアの種をQuest――探求し生み出せる場を作ろう。そうチームで考えて提案した新規事業です。具体的には、ＪＩＣＡ内外の数名から成るグループをいくつも作り、国際協力の新しい事業アイデアを合宿やグループワークを通じて考え、プレゼン大会を開催し、優勝者にはそのアイデアを調査・試行する機会を作りました。

ジャイクエのロゴ。

ＪＩＣＡの組織のアクションでもある「共創」と「革新」が生まれる場を作りたい。そんな強い想《おも》いのもと、生まれたプロジェクトです。

実現のためには、五人のチームワークと役割分担が重要でした。

たとえば、ジャイクエの参加者を集めるための対外的な説明会を開催するとなった場合、どのタイミングで何を説明するかを戦略家の八里さんが考えて、他の組織で似たような取り組みがないかを齋藤さんが調べます。前田さんは最適な会場を使えるように手配してチームを励まし、神武が参加者の前でジャイクエの企画内容についてプレゼンし、山江さんが参加者と丁寧なやりとりをしてハートをつかむ。このような、メンバーの得意を活《い》かした担当割をチーム内で自然発生させ、一方で所属部署の業務が忙しい時期はお互いに役割を越えて柔軟に助けあいながら、一つひとつの取り組みを進めていきました。

組織内外の壁を越える

とはいえ、立ち上げ当初から順風満帆というわけではありませんでした。

はじめは、ひとつのアイデアとしてＪＩＣＡ内で提案・プレゼンするところから始まりました。当時感じていたモヤモヤとした気持ち。「共創」と「革新」がＪＩＣＡには不十分ではないか。プレゼンではそんな挑戦的な問いかけも含めて、率直な思いを伝えました。

審査員として並ぶＪＩＣＡ経営陣と、ＮＰＯの会長や大学の学長など外部の有識者からは、この提案に対してさまざまな意見があがりました。ＪＩＣＡ内部からは、ジャイクエの提案内容が他の提案と比較して具体性がなく、客観的なデータも少なかったこともあり、成果や実施する意義について疑問の声も聞かれました。一方、外部の有識者からは、「三年目職員として感じている感覚は正しい」「大義を掲げつづけることが重要」など前向きなコメントを多くもらえました。

結果として、目に見える成果を期限内に出すことなどを条件に、時限的に二〇一九年度一年分の予算のみをつける形で採択されることとなりました。内部からの愛のムチと、外部からの温かい応援に鼓舞されて、ジャイクエは走り出したのです。

駆け出しのジャイクエがＪＩＣＡ内外で認知されて、プログラムへの参加者を集めたり開催するための場を準備したりするためには、多くの人にジャイクエを知ってもらわなければなりません。まずは小さくてもいいから実績を積み上げようと、とにかくさまざまな形で広報をし、イベントに登壇することから始めました。ＪＩＣＡで発行している広報媒体のPARTNERやmundi（現在はJICA Magazine）でジャイクエを紹介させてもらえる機会があると聞いては飛びついたり、メンバーの学生時代のつながりから協力してくれると言ってくれた団体とコラボレートしてパネルディスカッションイベントを開催したり、ＮＧＯ団体が開催するカンファレンスに参加させてもらいジャイクエの紹介をしたり。とにかく発信できそうな機会があれば出ていき、外に向けてジャイクエの誕生をアピールし、ＪＩＣＡ内に向けては活発に動いていることを発信しつづけ、少しずつジャイクエの存在感をＪＩＣＡ内外で高めていきました。

そんな地道なステップアップを続けていたジャイクエにとって、とくに重要な一歩となったのは、ジャイクエを実施するうえで強力なパートナーとなる「SHIBUYA QWS（以下、ＱＷＳ）」との出会いです。ＱＷＳは、当時「渋谷から世界へ問いかける、可能性の交差点」をコンセプトに、多様な人々が交差・交流し、新しい社会価値につながる種を生みだすことを目指す会員制の共創施設で、ちょうどジャイクエの立ち上がり時期と同じころに渋谷スクランブルスクエアにオープンする予定でした。ジャイクエの開催にあたって、参加者がグループワークを実施できる場を探してさまざまな人に相談していたなか、たまたまＱＷＳの担当者とつながれる機会があると聞き、一目散にジャイクエの紹介をさせてもらいに行ったのです。

ＱＷＳとジャイクエのコラボレーションに向けてアピールできるよう、ＱＷＳ専用のプレゼン資料を練り上げて、緊張気味に口を開きました。

「「渋谷発→途上国行、新しい国際協力の形」をつくりませんか」

ＱＷＳは事業主体が鉄道会社であることから、鉄道をイメージさせる言葉を使ったオリジナルのフレーズで想いを伝えました。

これに共感してもらえたのか、ＱＷＳに「国際的な問い」をジャイクエがもたらすことへの期待が生まれ、ＱＷＳとＪＩＣＡは覚書を結び、ジャイクエの活動をＱＷＳで実施させてもらえることとなったのです。これは、ＪＩＣＡの中では、ＪＩＣＡが外部のパートナーと「共創」する取り組みとしても評価されました。ジャイクエがＪＩＣＡの中でも注目・応援されるようになった手ごたえを感じはじめたのはこのころからでした。

このように、徐々にＪＩＣＡ内外で受け入れられてきたジャイクエですが、その活動の一つひとつの裏側では、じつは膨大な量の確認や手続きが踏まれていたのです。

ルールを制するものがゲームを制する

独立行政法人であるＪＩＣＡの活動資金は主に税金から成り立っています。そのため、その看板を背負って活動を行うには、すべての活動は国民に対して実施意義やその適切性を説明できる必要があり、組織内のルールや必要な手続きに則《のっと》って進めなければなりません。事業実施に向けた予算の規模や内容に応じた見積り作成、精算にかかわる各種事務手続き、参加者や協力者との人事・労務・法務面からの立場の整理、それらの組織内決定のための決裁等、一つの活動を進めるために、さまざまな観点から整備された数多くのハードルを乗り越えなければ前進できないのです。

たとえば、先ほど紹介したＱＷＳとの覚書を締結する際にも、たくさんの手続きが必要でした。当時、外部の関係者と一緒に仕事をする際は契約書を交わすことがほとんどでしたが、ＱＷＳは一緒にジャイクエを作る共創パートナーであり、契約金をやりとりする間柄ではないため、型にはまらない覚書を作成することになりました。マニュアルがないなかでも、覚書が、JICAとQWS双方にとって不利益が生じる内容になっていないか、署名者は適切な人物となっているかなど、さまざまな観点から法的に問題がないかを確認する必要があります。チームには法務のプロフェッショナルはいないため、その覚書を作成するためには、JICA内で類似の覚書を結んだ事例がないかよく調べ、法務チェックなどを担当している部署に確認してもらい、人事部等関連する部署にも事前相談し、QWSと内容をすり合わせ……と、情報を手繰り寄せながら一歩ずつ作っていくしかありません。ジャイクエは新しい取り組みだったこともあり、一〇ページにも満たない覚書を作成するまでに、一〇回以上関係者と確認を重ね、二カ月程度もかけて作っていました。

他にも、たとえば合宿開催のための会場を予約するといったちょっとしたことでも、その都度、実施の必要性や妥当性、期待される効果や実現可能性等を整理したうえで上司に説明し、理解を得て、ルールに則ったかたちでの実施に向けた組織決定をしなければなりません。

このようにたくさんの複雑なルールと手続きを目の前にすると、「組織にいると自由に身動きできない」とか、「手続きばかりに追われて本当に実現したいことができない」という気持ちが湧いてきます。

そんなとき、上司にかけられた言葉が「ルールを制するものはゲームを制す」というものでした。やりたいことを進めるためには、まず全体のルールや制度の成り立ちや考え方、目的を理解すること。そして、それをふまえてルールの応用方法や解決策を見つけて進めていく、という考え方です。

たしかに、私たちは事務手続きを行う過程で、たくさんの規則や手順書を読み込み、ルールにくわしい人に話を聞きに行ったり、類似の前例の情報収集をしたりもしました。ＪＩＣＡの中でジャイクエという新規事業を興す際、たいがい何をするにも組織内のルールの壁にぶつかりましたが、毎回それと正面から向きあって真摯に対応することで、それぞれのルールを把握し身につけていくよい機会となりました。息苦しく思えた手続きは、学びの場でした。また、ＪＩＣＡが世界で信頼を得ている理由のひとつは、このように内部での確認と筋を通すことを徹底していることだと、身をもって知りました。

QWS でのファイナルプレゼンテーション。

手続きの積み重ねと仲間が未来を開く

ジャイクエの立ち上げから約一年半後、ジャイクエの最終プレゼン大会が行われました。その年のジャイクエに参加したのは、IT、メーカー、医療関係者、起業家などさまざまな分野で活躍する多様な人々と、JICAで働く国際協力を本職としている人々からなる個性豊かなチームで、それぞれスリランカ、ブータン、ペルー、マダガスカル、タジキスタンの国々を対象に、SDGsゴール2（飢餓・食・栄養・持続可能な農業等の分野）の課題をテーマとし、一泊二日の合宿、慶應義塾大学大学《けいおうぎじゅくだいがくだいがく》院《いん》システムデザイン・マネジメント研究科白坂成功《しらさかせいこう》研究室の教員陣からのインプット、グループワークを重ねて事業のアイデアを練り上げ、プレゼンしました。

そこからは、タジキスタンの食文化を変えずに、現地の人々の油の摂取量を減らすための革新的な食器の開発アイデアなど、ＪＩＣＡだけでは思いつかないような事業の種が生まれ、現地にそれが届くよう育まれることとなりました。ジャイクエ自体も、その年の活動を内部で評価され、運営メンバーも増え、代替わりしながら、翌年も、翌々年も続く取り組みとなりました。

生まれたアイデアの種をどうやって効果的に開発途上国へ届けるのか、この取り組みをどのような形で未来につないでいくのか、まだまだ課題もありますが、国際協力における共創と革新のアクション達成に向けた歩みの一歩になっていたらうれしいです。ジャイクエで生まれたフラットな個人同士の関係が組織同士の関係性にも及び、さまざまな組織がその強みを持ち寄って世界を少しずつよくしていくことが、国際協力における共創と革新の一端になると信じています。ここでは紹介しきれなかった方も含め、ジャイクエの立ち上げ・運営に協力してくれた多くの人や団体に感謝しています。

その後、当初の五人の立ち上げチームのメンバーは、ジャイクエを次の世代につなぐためチームに残った者、海外の拠点に転勤になった者、違う組織に転職した者、育児休業を取った者、とそれぞれの道に進みましたが、各々の居場所で、新規事業を立ち上げたころの経験を活かしながら仕事をしています。この本の一節を書く際も、一緒にジャイクエ立ち上げ当時のことを振り返ったり、アイデアを出しあったりと、またチームワークを発揮しました。それぞれの強みを活かしながら数々のハードルを乗り越えてきた仲間は一生もので、今後も何かあったら相談できる、大切な人たちです。

入構三年目のモヤモヤについても、少しずつ折り合いがついてきました。大きな組織に所属すると制限が多くてやりたいことが進めにくい、自分の仕事の世界へのよい影響は何かあるのか、などと悩んでいましたが、求められるさまざまな手続きは、組織の力を借りて一人ではかなえられないことを実現するための手段なのだと、ジャイクエ立ち上げの経験の中で体感しました。日々の業務は手続きの積み重ねではあるものの、それが生む活動は世界のどこに向けられたものなのか、大切にしたい部分を意識しながら、日々の仕事に取り組む姿勢を得ました。

まずは、手続きは朝飯前にできてしまうほどにルールを制せるよう、勉強と経験を積んでいこう。今はそう思えています。

〈プロフィール〉

神武 桜子（こうたけ・ようこ）。一九九一年、香港生まれ。親の転勤に伴い、神奈川県、ブラジル、南アフリカ、愛知県、イギリスで育つなかで国際協力に関心をもち二〇一六年入構。南アジア部で円借款案件形成や監理、企画部で有償資金協力の制度改善の経験を積み、二〇一九年より愉快な同期たちと共に新規事業 JICA Innovation Quest の立ち上げに携わる。その後産育休を経て、現在は南アジア部で二児の子どもを育てながら仕事と家庭の両立に邁進中《まいしんちゅう》。

コラム③　JICA職員のライフキャリア、ジョブローテーション

キャリアには「山登り」と「川下り」があるといわれることがあります。山を登るように、明確にゴールを定め、逆算して達成に向けて歩んでいくような考え方。川を下るように、流れに身を任せながらその時々の機会を捉え、経験を重ねて進んでいくような考え方。その時々によって考え方、状況は変わるかもしれませんが、みなさんの考えはどちらのイメージに近いでしょうか。

この本の語り手であるJICAの総合職職員には、ジョブローテーションとよばれる仕組みがあります。これは、およそ二年から四年で所属する部署が替わるというものです。JICAには本部のほかに、九六の在外拠点、一五の国内拠点があります。本部のなかにも、地域部（南アジア部、アフリカ部、中南米部など）や課題部（社会基盤部、地球環境部、人間開発部など）といったプロジェクトを主に担当する部署だけではなく、プロジェクトを横断的にみている部署（評価部、審査部、管理部など）や組織経営・運営を

支える部署（人事部、安全管理部、総務部など）があります。

部署異動と聞いて、どのような印象をもつでしょうか。「いろいろな仕事を経験できて面白そう」という人もいれば、「一つの専門分野を長年かけて追求していきたい自分には合わなそう」「やりたい仕事ができない時間はまわり道をしているようで不安に思う」という人もいるでしょう。

大学生と話していると、実際に、たとえば、「私は法学部で勉強して法律の知識・専門性を活《い》かし、弁護士として人のために働きたい」「情報工学を勉強して、データサイエンティストとして活躍していきたい」という声を聞きます。近年、専門人材を確保するため、職務内容を明確に定めて必要なスキル・資格をもつ人を採用する「ジョブ型雇用」を行う企業が日本でも増えてきています。

これに対し、ＪＩＣＡの総合職職員は、ジョブローテーションを通じて多岐にわたる仕事を経験します。とはいっても、何もランダムに部署が決まるわけではありません。職員は個人のキャリアパスの希望を定期的に提出します。人事部はこれを考慮しながらも、本人の能力を伸ばし、組織に活かすという視点から部署を決めています。結果として、自分が希望しなかった部署に異動になることも当然あります。

これは、ＪＩＣＡ職員にはさまざまな視点をもつことが求められるからです。一つの切り口で捉えることが難しい国際協力の舞台でプロデューサーとして世界のために働くには、「はじめに」で紹介した「つながり」をつくる三つの切り口――地域、分野課題、アプローチ――の視点それぞれをもちあわせている必要があります。

また、各部署での仕事を通してハードスキルを磨き上げることも重要ですが、同時にリーダーシップやコミュニケーションなど開発途上国におけるプロジェクト・マネジメントを担うためのソフトスキルも重要です。予期しなかった仕事や人との出会いを含め、経験を糧としながら、よりよい国際協力の仕事ができるように日々励んでいくなかで、自分らしいハッシュタグ（#）を複数、身につけていく。それゆえＪＩＣＡ職員のキャリアが別の人と同じになることはありません。

ＪＩＣＡにおけるライフキャリアには、ジョブローテーションという仕組みがもたらす偶然や、開発途上国を舞台とするからこその偶然が存在します。そのなかで「山を登る」人も、「川を下る」人もいます。ときに迷うこと、不安になることも当然ありますが、こうした環境でさまざまな経験を積みながら、仲間と励ましあい、支えあい、自分なりのライフキャリアを創っていくことを、一人ひとりが目指しているといえると思います。

国際協力の世界には、さまざまなライフキャリアがあります。ＪＩＣＡの職員以外にもたくさんの選択肢があり、それぞれには、きっと違った景色が待っています。どのようなスタイルが自分に合っているか、実際にそれぞれのライフキャリアを歩む先輩に話を聞き、考えてみるのもいいかもしれません。山を登るにせよ、川を下るにせよ、自分なりに進んでいく後にできる道こそが、キャリアとよばれるものなのかもしれません。

東ティモール

13 アジアでもっとも若い国に大学院を

#高度人材育成 #教育 #支援のやめどき

土本 周

待望の異動とコロナ渦

学生時代に国際教育開発を専攻していた私にとって、待望の異動がかないました。新天地は、教育分野の技術協力プロジェクトを担当する人間開発部。入構三年目、二〇二〇年六月のことでした。

途上国の教育というと、一般的には基礎教育（初・中等教育が対象）をイメージするかもしれませんが、高等教育（大学や大学院等が対象）も協力の対象分野です。二一世紀は知識基盤社会の時代とも言われますが、大学での教育を通じて高度な知識や技能を身につけた人材を社会に輩出し、研究開発を通じて科学技術を振興させることの重要性が世界的に高まっており、ＪＩＣＡもアジア地域を中心にさまざまな高等教育プロジェクトを実施しています。

担当となったのは「東ティモール国立大学工学部能力向上プロジェクトフェーズ２」。東ティモール国立大学（ＵＮＴＬ）は、既存のポリテク（高校卒業後に進学する二年制の職業訓練校）と文系私立大学が合併し、東ティモール唯一の国立大学として二〇〇〇年に誕生しました。

ＵＮＴＬ工学部への支援の歴史は長く、独立時のインドネシアとの武力衝突により焼き払われた校舎修復にかかわる緊急無償資金協力（二〇〇二年）を皮切りに、断続的に三つの技術協力が実施され、二〇一九年には無償資金協力で校舎が新築されています。校舎も、実験器具も、シラバスも何もなかった状態から、日本の五つの支援大学が手取り足取り伴走し、二〇年かけて、工学部の基礎を築いていきました。

私が引き継いだ二〇二〇年には三つめのプロジェクトが進行中でしたが、新型コロナウイルス感染拡大のためにＵＮＴＬ自体が閉鎖。東ティモール人教官と日本の関係者をつなぐいわばプロジェクトの要である高橋敦《たかはしあつし》専門家は、日本に一時帰国することになりました。通常であれば、日本の大学の春休み、夏休みに合わせて、多くの支援大学の教員が現地渡航し、指導書の作成や研究指導、実験機材活用指導等がさかんに行われるところ、両国の水際対策のため渡航はかなわず、オンラインでの研究指導が細々と続けられるのみでした。

現地出張さえかなわぬ担当の私にできることは、オンライン指導のための調整や、現地渡航が再開した折、指導に用いる教育・研究機材の調達手続きに対応することだけでした。就活時に想像していた「世界を股にかけるJICA職員」とは何かが違う……。そんな想《おも》いを胸にしまいこみ、「コロナ禍での事業展開」という誰も正解を知らない問いに、私だけでなくJICA全体が暗中模索しながら取り組む状況が続きました。

支援のやめどきはいつ？

二〇二〇年七月、コロナ禍も少し落ち着き、UNTLの閉鎖が解除されました。依然、商用便による自由な出入国は復活していないものの、国連チャーター機を利用して髙橋専門家も再赴任し、徐々に平常運転に戻る現場。プロジェクト期間は、コロナ禍による活動停滞を鑑み、二〇二三年三月まで延長されました。

しかし、足掛け二〇年以上続けたＵＮＴＬへの支援は、現プロジェクトをもっていったん終了することがＪＩＣＡ本部内では既定路線に。一方現場からは、東ティモール初となる工学系修士課程をＵＮＴＬに設立する「大学院構想」が聞こえはじめ、さらなるＪＩＣＡの支援を期待している様子が伝わってきます。

また、「大学院構想」という壮大な目標の一方で、指導にあたる日本の国内支援大学の現場からは、さまざまな声が聞こえてきます。たとえば、実験から論文執筆に至る研究プロセスを一から指導しているなかで明らかになった、数学や理科の基礎学力の低さ。教官が研究テーマをころころ変える。オンライン指導の調整をしてもレスポンスがない、等々。まさに足元の活動でも課題山積だったのです。

私は、プロジェクト終了後のＵＮＴＬによる自立のイメージがどうも湧かず、一方で上司の「ＪＩＣＡ支援は終了する前提」という言葉に対抗できるだけの確信的な論拠も持ちあわせておらず、ただただ「そういうものなのだ」と自分を納得させるだけで思考が止まっていました。

通常、ＪＩＣＡの技術協力プロジェクトは三〜五年の期間で目標を立て、実施されます。プロジェクト終了後は、途上国自身がＪＩＣＡの支援なく自立的に発展していくことを前提に、プロジェクトは設計されています。他方、途上国側のニーズに基づき、さらに発展的な目標を設定し、二つめ、三つめのプロジェクトを連続して実施する場合もあります。

高等教育分野では、その国のトップの大学に対し、教育研究能力の向上を目標としてプロジェクトを実施します。教員や大学自体の能力強化は短期間で成しえないことから、一〇年、一五年と複数のプロジェクトを実施することがよくあります。とはいえ、限りあるＪＩＣＡの予算を、教育のみならず多様な課題に同時に活用していかなければなりません。

「教育は国家百年の計」といいますが、現実的には百年間支援を続けることができないＪＩＣＡにとって、「いつ支援の手を引くか」はつねに対峙《たいじ》が必要な重い問いかけであり、いかに途上国の自助努力の度合を高めながらＪＩＣＡがフェードアウトしていくかが重要になります。

支援大学からの熱い期待

一刻も早く日本と東ティモールの水際対策が緩和され、支援大学の教員による現地指導が再開することを切に祈りつつも、プロジェクト終了の期限は容赦なく迫ってきます。

現地では熱を帯びる大学院構想とJICAへの熱烈コール。JICA本部内に流れる「支援はいったん一区切り」という空気感。このまま渡航が再開できないまま、二〇年にも及ぶUNTLの支援に区切りをつけてしまうのだろうか。

大学の発展が比較的進んでいる東南アジア諸国でのJICAプロジェクトとは異なり、UNTLは、紛争によって校舎すらないところから、大学としての基盤を整える支援をしてきました。二〇年間支援をしてきたといえども、まだまだ他国の大学と比べると独り立ちできる状態ではありません。あと一歩、修士課程を作ることで、国の最高学府として、社会に貢献する高度人材の輩出というミッションを果たせる大学に近づくのではないだろうか……。

気持ちばかりが先行するものの、次なる支援の必要性をどうJICA内で説明すればよいのか、高等教育に携わって一年足らずの私の経験値では方策が思いつきません。

そこで私はまず、これまでプロジェクトを支えてきた日本の支援大学の声を集めることにしました。

具体的には、五つの支援大学とオンライン会議をもち、残りのプロジェクト期間で達成すべき課題とその後の支援のあり方について、率直な意見や要望を聞きとりました。基礎的な数学や理科の知識、研究の進め方を手取り足取り教えるような指導が続くなかにおいても、匙《さじ》を投げるような教員は一人もおらず、現地に渡航しての指導を心待ちにしている様子でした。大学院構想は、これからの東ティモールの発展にとって不可欠であり、必要性は明白。ぜひ協力したいという声が多く、「JICAがここで手を離すべきではない」と語気を強める教員もいました。

教員方が多忙な研究活動の合間を縫って、どれほど親身になってUNTLの教官の指導に向きあっているかが、オンライン会議の画面越しにでさえも、手に取るように伝わってきました。私にはUNTLの教官に必要とされるような工学的知識はありませんが、こうした想いのある支援大学の教員とUNTLの教官がつながる場をつくることで、人材育成の営みが続くよう貢献したい。そう決意を新たにした支援大学とのオンライン会議でした。

国家開発の基盤となる高度人材育成に待ったなし

「土本さん、東ティモールに出張に行かないか」

二〇二二年二月、プロジェクトの現況と大学院構想の現地ニーズを確認するための出張を、上司から提案されました。東ティモールは、近隣のＡＳＥＡＮ諸国の動きに合わせ、徐々に水際対策を緩和していました。

ＪＩＣＡ入構四年目にしてはじめての海外出張を二つ返事で受け、渡邊《わたなべ》公一郎《こういちろう》ＪＩＣＡ国際協力専門員に同行することとなりました。渡邊専門員は元九州大学副学長で、アジア・アフリカからの留学受け入れ、ＪＩＣＡの複数の高等教育プロジェクトに尽力されています。そのような高等教育のスペシャリストと、大学院構想に対するＵＮＴＬの「本気度」を確認しに向かうというミッションに胸を高鳴らせながら、三本のフライトを乗り継いで現地に乗り込みました。

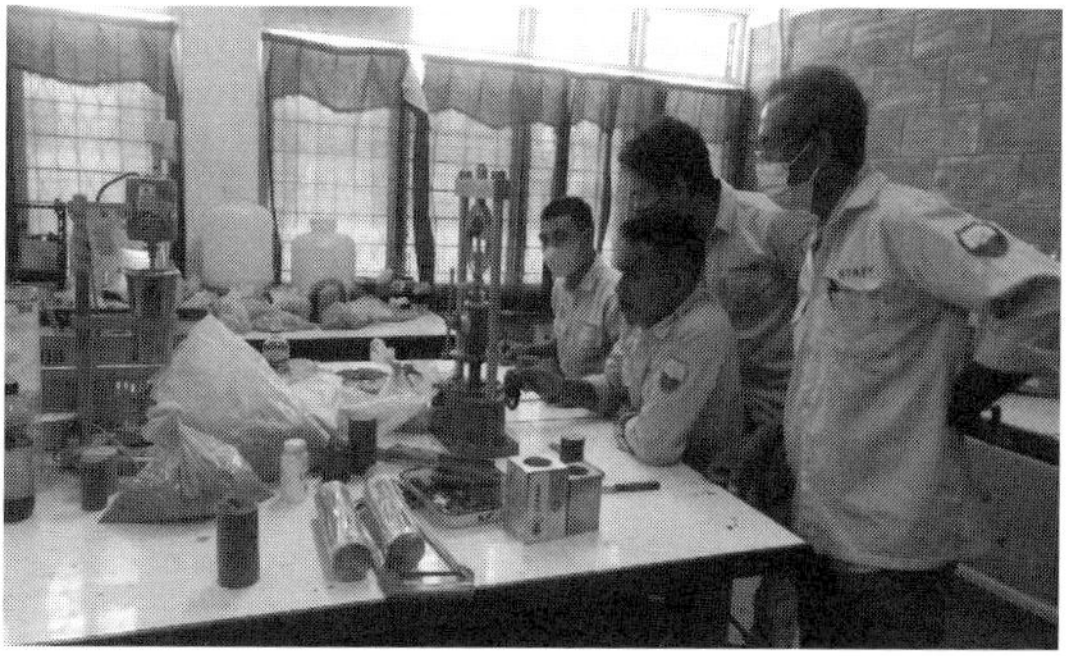
土木学科機材実習の様子。

前述のように出張の目的は、二〇年に及ぶ支援を経た今、学部の基盤が整い大学院構想に舵《かじ》を切れる適切なタイミングであるか、関係者の意見を確認することであると明確でした。

現地ではまず、プロジェクトの成果を確認するための工学部長や全五学科の長との意見交換を行い、学内を視察。JICAや文部科学省奨学金により修士・博士号を取得した教官、無償資金協力等による教育研究施設・機材、技術協力により整備されたカリキュラム・教員用指導書が機能しており、学部教育の基盤はおおむね整っているようでした。UNTL学長は「一時的な支援に留《とど》まる援助機関が多いなか、JICAは二〇年継続して支援してくれた」と感謝の言葉を述べ、工学部は日本による支援の色がきわめて強い組織となっていました。

大学院設立に向けた準備は、工学部の教官で構成される大学院タスクフォースが中心に進めていました。

タスクフォースを率い、大学院構想について我々に力強くプレゼンしてくれたのは、二〇一五年、東ティモール初の工学博士号を岐阜大学で取得した、電気電子学科のカンシオ教官。彼のほか、タスクフォースの半数は日本での博士号取得者であり、自身の留学経験を元に、現地の教育・研究事情に応じてカスタマイズしながら青写真を描いていました。構想の中身はまだ粗削りな部分があり、渡邊専門員は、学科構成や研究志向のカリキュラムの作り方、国が定める大学院設置基準への対応等、実務的な助言を行い、意見が交わされました。

何より、誰かに指示されるのではなく、国の最高学府としてプライドを胸に、自分たちの手で大学院を作るのだという気概がひしひしと感じられ、私は強く心を動かされました。今後の工学部、いや東ティモールという国家を担う高度人材育成の方向性に想いを馳《は》せながらの議論は、今も昨日のことのように熱をもって思いだされます。

閣僚として大学院構想を支持すると力強く語ってくれた工学部教官出身のビクター石油鉱物資源大臣（中央。髙橋専門家は左端、筆者は左から２番目、渡邊専門員は右から２番目）。

大学院の出口である社会に、修士卒業生の採用ニーズはあるのか、という問題も考えなければなりません。日本で修士や博士号を取得した東ティモールの教官は国の根幹を担う貴重な人材であることから、大学に籍を残しつつ、政府の任命により、一時的に政府機関の要職についている教官もいました。石油鉱物資源大臣、電力公社総裁、国家電力規制庁長官、国家開発庁長官、地質石油研究所所長等、まさに国の重要産業を支える彼らに大学院構想について意見を求めたところ、みな口をそろえて「これまでは留学でしか高度な技術や知識を身につけることができなかったが、自国で高度人材を輩出できるようになることは、東ティモールの発展や産業多角化にとって不可欠。一刻も早く大学院を作るべき」との立場でした。

長岡技術科学大学で修士号を取得したビクター石油鉱物資源大臣は、「内閣メンバーとして工学部の発展のために大学院構想を全力で支持する」と力強く私たちに語り、高度人材育成に待ったなしと、国としての確かなニーズがありました。

安堵《あんど》の帰国と、終わらない問い

出張の最後に、在東ティモール日本国大使からも大学院構想への支持をいただき、東ティモール名産のおいしいコーヒーを土産に真冬の日本に帰国した私は、すぐに出張で集めた情報をまとめて報告書を作成。高等教育分野を統括する上司に、大学院構想準備のため協力を続け、大学院設立予定の二〇二五年に新たなプロジェクトを立ち上げる案を提案し、理解を得ました。

こうして、一度は消えかけたＵＮＴＬ支援の灯を、ふたたびともすことができたのです。

出張の三カ月後、私はベトナム事務所への異動の内示を受け取りました。ＪＩＣＡのどの部署もそうであるように、私もこれまでの経緯と今後の方向性をできるだけ細かく伝え、後任に託しました。その後まもなく、両国の教員の往来が再開し、修士課程の教材づくりの支援も開始したという報告を聞き、二十年来の協力の一部を紡ぐことができたうれしさを噛《か》みしめました。

そして、二〇二四年五月、ＵＮＴＬ工学部は二九名の学生を迎え、修士課程が開校されました。大学や高等教育省等の設置承認に時間がかかると想定し、当初の開校予定は二〇二五年。一年も早まった背景には、東ティモールのＡＳＥＡＮ加盟により高度人材育成の機運が高まったことや、出張時に面談した政府機関の要職につく教官からの後押しがあったことも要因だったとか。途上国との仕事において計画に対する進捗が早まることは稀《まれ》であり、ＵＮＴＬの教官の熱意こそが、大学や政府を動かしたに違いありません。

もし支援が途絶えていたらどうなっていたかは誰にもわかりません。他の援助機関が大学院構想を支援していたかもしれないし、逆に外からの支援がないことでＵＮＴＬ自身が自発的に物事を進めていたかもしれません。また「いつまで支援を継続するか」という問いに、向きあわなくてよくなったわけでもありません。

支援を始めるからには「やりっぱなし」ではなく、責任をもって途上国の主体性を維持しながら、「終わり方」を考えなくてはなりません。

東ティモールでの学びから、ＪＩＣＡの引き際を見極めるには、知識経験に基づく分野専門性もさることながら、途上国側のニーズ、また協力の核を担う日本側関係者の意向を汲《く》みとる感受性がもっとも重要であると痛感させられました。東京の会議室からだけでは何も決められないということです。私のような拙い国際協力の新参者に、大きな気づきを与えてくれたＵＮＴＬに感謝しつつ、今後の発展を強く願っています。

「支援」という言葉には、あたかも日本側が途上国側に一方的に何かを与えるかのような印象を抱きがちですが、国際協力は両者に学びがある双方向の営みであることを、最後に書き留めておきたいと思います。

蒸し暑いハノイの自宅にて。

〈プロフィール〉

土本　周（つちもと・あまね）。一九九五年生まれ、東京都出身。国際基督教大学教養学部卒業後、二〇一八年入構。ザンビアでの海外ＯＪＴを経て、人事部開発協力人材室で学生向けインターンやキャリア情報サイト「PARTNER」の運営に従事。二〇二〇年からは本章のテーマとなる人間開発部で、東ティモールとベトナムの高等教育技術協力案件を担当。二〇二二年からはベトナムに赴任し、人材育成担当を経て、現在は技術協力総括の他、広報、研修、援助協調等を担当。大学まで続けたサッカーを活かし、ＪＩＣＡ×Ｊリーグ連携新規事業の立ち上げも経験。

〈参考文献〉

風間秀彦、吉田弘樹、髙橋敦、小西伸幸『苦難を乗り越えて、国づくり・人づくり――東ティモール大学工学部の挑戦』佐伯コミュニケーションズ、二〇二三年

ホンジュラス

14 週末隊員、柔道で治安改善に挑む！

#スポーツと開発　#好きなことを国際協力に活かす

横尾昂志

はじめに

ＪＩＣＡの仕事はとても規模が大きく、また公的なものであるため、自分の個性や得意なことが業務にそのまま反映させられる機会はそれほど多くありません。よく、学生さんからキラキラした眼《め》で「自分の提案や創意工夫が仕事に活《い》かされたことは、どれくらいありますか？」と聞かれ、自分のTo Doリストとにらめっこして困ることがあります。

この章では、私が自分の好きな「柔道」で、自分の解決したい課題である「治安改善」に取り組んでいる過程について語りますが、ＪＩＣＡ全体の仕事量から考えると、このように好きなことや得意なことを前面に押し出せるのはとても稀《まれ》な事例だと感じています。こうした仕事を作れたのは、①この国の開発のために面白いことができないかと普段から考えを巡らせるようにしていたこと、②現場に入って現地の人の視点を知り、日ごろから関係性を構築してきたことの、二つがあったからかなと思います。

これは、そういうことを大切にしていると時折降ってくるボーナスステージ的な、好きなことで国際協力をできる瞬間のお話です。

ホンジュラスの治安の現状

さて、今、私が駐在しているホンジュラスという国は、日本ではあまり知られていないと思います。私がホンジュラス駐在となったとき、ある友人が「ホランジュラス（正しくはホンジュラス）だよね。グアマテラ（正しくはグアテマラ）の隣の国でしょ」と言っていました。

ホンジュラスは、美しいカリブ海のビーチと豊かな生物多様性をもつ熱帯雨林に恵まれた、質素で素朴な街並みが魅力的な国です。人々は陽気で、とくに地方都市では訪れた人を温かく迎え入れてくれる、のんびりした心優しい人たちと出会えます。

しかし、そんなホンジュラスをインターネットで調べると、一〇万人あたりの殺人事件被害者数が三五人という、驚くべき数字が出てきます。これは日本の一五〇倍で、世界七位の数字です。日本では身の回りで殺人事件が起こることはあまり多くないですが、ホンジュラスでは他人ごとではありません。

この高い殺人発生率の背景には、二〇〇〇年代以降に進んだ、麻薬取引や反社会的な犯罪を行うグループの暗躍があります。とくに若者たちがマラス（Maras）とよばれるギャング集団をつくり、恐喝や麻薬の取引を行っているという現実があります。

このような現状に対し、ホンジュラス国家警察は二〇〇九年から、ＪＩＣＡの協力のもとで社会全体の治安改善を目指す地域警察活動を行ってきました。住民による通報体制の強化や、地域住民との定期会合、小中学校での防犯研修会、そして個別訪問などのコミュニティとの関係強化。こういった地道な活動の結果、地域の犯罪件数が低下したり、地域住民から警察への相談や通報の件数が増加したりと、少しずつ成果が認められてきました。

しかし、治安の悪化の根本的な原因は、親の目が行き届かず、放課後に行き場のない貧困家庭の青少年が麻薬に手を染め、自身も売人になったり、マラスにリクルートされて犯罪に手を染めてしまったりというサイクルにありました。これを解決するためには、教育現場において彼らの健全な育成を図ることが必要です。

ホンジュラスは、一部のギャングの抗争地帯を避けて生活するぶんにはとても平和な素晴らしい国ですが、その一部によって魅力が見えにくくなってしまっています。また、ホンジュラスの心優しい穏やかな人たちは、ギャングの暴力や収奪に直面した際に抵抗する術《すべ》がありません。私は、こうした痛ましい現状について、JICAとして何かできないかなと個人的に考えていました。中学一年生から一五年間柔道をやっている私ですが、素手でこうしたギャングから身を守れるわけもなく、そんなやり方を現地の人におすすめもできません。でも、柔道のもつ教育的な効果によって、子どもたちが悪の道に進まないようにすることはできるのではないか。ある日、そんなふうに思ったのです。

現場を求めて、ついたあだ名は「週末隊員」

ＪＩＣＡの同級生や先輩後輩たちには小さいころから国際協力に憧れていたという人が多い印象ですが、私は非常に遅咲きです。大学生に入るまでＪＩＣＡの存在を知りもしませんでした。もともと柔道を一生懸命やっていましたが、高校三年生のときに、当時の世界チャンピオンに肘を折られてしまい、引退を余儀なくされました。そのとき、「これまでは畳の上で自分のために頑張ってきたけど、これからは人のために頑張ってみたい」と思って国際協力のボランティアを始め、進んできた先にＪＩＣＡがありました。

ＪＩＣＡに入ってからは、現場で途上国の人々の生の声と熱を感じることにこだわりました。なるべく早く現場に出て、国際協力の感性を磨きたいという希望から、勢い余って「与えられた仕事は裏方でも何でもやります！　僕を駐在に行かせてください！」といった旨のことを部署の希望を書く紙にうっかり書いてしまい、晴れてもっとも早いタイミングでの駐在が決定。社会人三年目の二〇二三年からホンジュラスにいます。

ただ、裏方でも何でもやりますと啖呵《たんか》を切ったためか、割り当てられた私の役職は総務班長。事務所を支えるだいじな仕事ですが、「あれ？　かえって現場から遠ざかった？」と思うときもありました。経理書類のチェック、事務用事業用物品の調達、事務所内のルール制定、日本人ＪＩＣＡ関係者の身分証明書の発行手続き、現地職員の採用、労務管理、ｅｔｃ．。廃棄物・生物多様性のプロジェクトを担当はしているものの、大半の時間は「Ｔｈｅ・裏方業務」が占めていました。

「現場に出たくて現地に来たのに、全然現場に入れてないじゃないか！」

フラストレーションから、私は現場に飛び出しました。週末は地方の学校で環境教育の授業をしたり、業務時間後はホンジュラスの柔道教室で指導をしたり。選手としても、ホンジュラスのナショナルチームで稽古に励んでいます。繁忙期を除くと、週三回は業務時間後に柔道の練習をして終わったら仕事に戻り、週末はどこかの地方で柔道の啓蒙《けいもう》や環境教育、現場視察などをする日々。

そんな生活をしていてついたあだ名は「週末協力隊員」！　あるとき、ＪＩＣＡに新しく入った人から、「あ、週末隊員の横尾さんですよね」と言われて、自分がそんなふうに呼ばれていることを知りました。

多忙を極める毎日ですが、現場に身を置くことでできるつながりや、現地の人の考えを知ることによって、少しずつＪＩＣＡでの仕事の幅も広がってきていると感じています。

柔道の可能性を感じて、ただただ突撃

一〇年前に腕を折られてからは細々と続けてきた柔道ですが、ホンジュラスに来て、細々とでも続けてきてよかったと改めて思えました。

私には同じ階級に何人かライバルがいます。そのひとりであるマヌエル・ベガスは、普段からもっとも長い時間一緒に練習している相手です。私たちは日ごろから激しい戦いをするため、お互いが怪我《けが》をすることもあります。

ある日、練習後に足を引きずって帰っているマヌエルを見かけ、申し訳なさが溢れてきて謝り倒しました。すると彼は「なんで謝るんだ。俺はお前からたくさん学んでいるんだ。これからも練習してくれよ」と言いました。

彼とはその後全国大会の決勝で戦い、そこでは私が勝ちましたが、翌日から二人で練習を再開しました。真剣勝負の翌日からお互いが善い柔道をするために高めあえる。そ

ホンジュラスの全国大会で、ライバルのマヌエル・ベガスと戦った決勝戦の様子。

んな仲間に会えたことが本当にうれしいですし、彼と私の間にあるような健全な切磋《せっさ》琢磨《たくま》が、多くの人の間で繰り広げられています。

このように、ホンジュラスのトップ選手たちと戦うなかで彼らの熱にじかに触れられるのは、とても貴重な経験です。かかわる回数を重ねるごとに、「強くなりたい」「柔道精神をきちんと受け継いでいきたい」という彼らの想《おも》いに触れられるようになっていきました。

そして、ホンジュラスの柔道の練習空間は、ただ強さを追求する場所に留《とど》まらず、子どもたちを正しく温かく導く場所のように感じました。ジュニアチームには耳が聞こえないにもかかわらず、頭ひとつ抜けたきれいな柔道をする少女がおり、大変驚かされました。もちろん彼女自身の努力もありますが、頑張る人にはハンディキャップがあっても分け隔てなく教える環境があることも、彼女を強くした理由のひとつです。家庭で虐待を受けている子どもにとって、練習が逃げ場のようになっている例もありました。こんなふうに、貧富や置かれている社会的立場を超えて皆で強くなる環境が、とてもすてきだと思いました。

柔道の理念は「精力善用・自他共栄」です。本当に恥ずかしい限りですが、この意味を教えてと言われて言葉に詰まってしまい、改めて学びなおしました。

精力善用――その力を使って相手をねじ伏せたり、威圧したりすることに使わず、世の中の役に立つことのために能力を使うこと。

自他共栄――互いに信頼し、助けあうことができれば、自分も世の中の人も共に栄えることができる。そうした精神を柔道で養い、自他共に栄える世の中を作ること。

日本人の私すら意識しなくなってしまったこの柔道の理念が、ホンジュラスではきちんと実践されているように見えました。ここにいる子どもたちが悪の道に走るイメージは湧きません。柔道と柔道精神を広めていくことで、この国の治安問題にゆっくりと、でも確実に貢献できるかもしれない。そう直感し、とてもワクワクしました。

柔道を「スポーツと開発」に活かす

この高揚感のままに、駐在六カ月目の二〇二四年一月、ホンジュラス柔道連盟の代表ルイス・バジェに突撃訪問しました。

ルイスは一〇〇キロ級の巨体のわりに柔和な表情をしており、いつもにこやかで、いろいろな人から親しみを持たれる人物です。その日もニコニコと、それでいてしっかりと僕の目を見て話を聞いてくれました。

「僕も柔道は単なるスポーツじゃなくて、人が人として成長するうえで欠かせない力を育んでくれるものだと思う」とルイス。そして、ホンジュラス柔道連盟は「Judo en escuela（学校での柔道）」という、子どもたちの決断力、乗り越える力、転んでも立ち上がる強さ、他者への尊敬、友情といったソフトパワーを向上させるための柔道普及計画を展開していると教えてくれました。「この計画と連動させて、ＪＩＣＡと柔道連盟で治安改善のために何かをやろう」と意気投合し、私たちの計画はスタートしました。

なお、このようにスポーツを用いて開発に何らかのプラスの影響をもたらすというのは、柔道に限った話ではありません。

現在ＪＩＣＡでは、スポーツにかかわる二種類の開発協力に取り組んでいます。「スポーツの開発」はスポーツへの参加機会を増やすもので、政策・制度・体制・機会などソフト面の整備と、施設・用具等のハード面の整備を行います。もうひとつの「スポーツを通じた開発」は、たとえば高齢者の体力維持や生活習慣病の予防・改善、青少年教育、障害者や女性の社会包摂等の開発のテーマにスポーツを使っていくものです。今回の取り組みは、後者にあたります。

さて、とりあえず何かをやるとなったはいいけれど、どんなことをやろう。ひとりで机に座り、いろいろと思考を巡らせました。まず、これまで日本は柔道でどんなことをしてきたのか、そして治安改善という課題に対してどんなことをしてきたのかを調べます。

日本はこれまでホンジュラスに対し、計七名の協力隊員派遣をはじめ、NPO法人柔道教育ソリダリティーによる柔道着の寄贈（二〇一六年）、草の根無償資金協力による畳とトレーニング機材の供与（同年）をしてきました。また、元柔道連盟会長ルイス・モランさんに対し、日本との友好の増進に顕著な功労のあった外国人として外務大臣表彰（二〇一九年）、また旭日双光章の叙勲（二〇二三年）がなされたこともあります。

こうしたこれまでの協力をおさらいするなかで、日本はこのプロジェクトにおいて、柔道着の寄贈や指導者の派遣などの役割を果たせるのではないかと思いました。そこで、NPO法人JUDOsという、柔道を通じた国際理解・交流と青少年の健全育成を図ることを目的とした団体にコンタクトを開始しました。

もうひとつのキーアクター、国家警察

そして、治安改善というテーマを扱ううえで欠かせない関係者が、国家警察です。柔道を広めるだけであれば、柔道連盟とJICAで十分です。しかし、柔道の力で少年少女の心を悪に染めないようにできたとしても、ギャング集団であるマラスに力づく

警察学校で柔道のデモンストレーションを行ったあと、教官たちと。

でリクルートされたら柔道技では太刀打ちできません。子どもたちが困ったときに警察に助けを乞えるよう、警察と地域のつながりを作る必要があると気づきました。

ここまではっきりしたら、誰に何を頼むのかが明らかになりました。柔道連盟には柔道の普及や技術と精神的な指導を継続的に行ってもらい、ＪＩＣＡはそのための畳や柔道着の提供、指導者の派遣等によるサポートをする。そして警察に柔道を指導できる環境を整備してもらい、柔道を通じて警察とコミュニティの距離を近づけるというものです。

警察を巻き込む際にも、仕事と関係なく個人的に行っていたホンジュラスでの活動が功を奏しました。休日に警察学校で行われた武道大会に招かれ、そこで約五〇〇人の前で柔道のデモンストレーションを行ったことがあり、そこでつながった警察関係者から国家警察の上層部への提案をすることができました。

上層部に紹介してくれたのは、警察学校の教官のヨシノリさんです。日本とホンジュラスにルーツを持ち、日本文化と日本への強いアイデンティティを持っています。顔立ちから、ついつい日本語で話しかけてしまうことも。彼に話を持っていくと、「ムイ・ビエン！　バモスアセールフントス（いいね！　一緒にやろう！）」と二つ返事で引き受け、警察庁の上官を紹介してくれました。あとから聞きましたが、警察内は上下関係がしっかりしており、下から上に話を持っていくのは結構勇気がいるそうです。勇気を出してくれてありがとうヨシノリさん！　おかげで、警察においても柔道を通じた治安の向上の実施の意義を、非常にスムーズに理解してもらうことができました。

休日や時間外に行う自分の好きな活動から、思わぬ形で協力のタネを見つけることができる。業務時間内だけが国際協力じゃない。それを実感できた瞬間でした。

進まない苦しさ、進ませられない申し訳なさ

「せっかくだから、日本から超トップ選手を招致しよう」

その野望が裏目に出て、日本から派遣する指導者を決めるのに六カ月を要してしまいました。NPO法人JUDOsを通じてオリンピック選手や元男子柔道代表監督へのお声がけをしましたが、トップ選手は大会やメディアに引っ張りだこで、招致を決定するには長い時間と難しい調整が必要でした。その間、やる気になってくれた柔道連盟と国家警察の両方から「コウジ！　進めようぜ！」と催促を受けつづけ、「ごめん、今日本側と調整してて……」と返す、とても苦しい時間が流れました。

何とか国家警察と柔道連盟との関係をキープして半年。ようやく日本のトップ選手を一週間ホンジュラスに派遣することが決まりました。その期間にホンジュラス柔道連盟の指導者と日本の柔道家が各地の学校を回り、柔道着の供与および柔道の普及活動を行うため、ふたたび現地での調整が始まりました。今（二〇二四年九月現在）は、どの学校でどれくらいの規模の活動をするのか、どんなプログラムにするのかを、警察学校や柔道連盟と練っています。

こうした具体的な取り組みをするときに活きているのが、ホンジュラスに来てからずっと従事していた総務の業務です。柔道着を送るときの税関の手続きはどうすればいいか。安全面を考慮した移動経路や、活動実施にかかわる予算はどう確保するのか。細かいことだけれど、それが決まらないと具体的な活動を実行できないことがたくさんあります。この作業をしながら、総務班長として裏方業務を頑張ってきてよかったなと感じました。

たまには現場に足を運ぼう

今回、国家警察やホンジュラス柔道連盟と意気投合できたのは、大使館やＪＩＣＡの協力に関係した先人たちのおかげです。柔道は技術だけでなく精力善用・自他共栄の精神に重きを置くこと。地域コミュニティと警察の関係を強めることで犯罪を減らせること。これらはこれまでの柔道を通じた協力でも重要視されてきたことであり、過去にこうした理念をホンジュラスに浸透させた先人たちがいたからこそ、柔道連盟と警察はすんなりと受け入れてくれました。

国際協力においては、実施するプロジェクトおよびそのデザインは「その国に何が必要なのか」から解が導き出されるため、個々の職員が自由に選べるものではありません。今回、私が自分の得意な柔道を用いてプロジェクトを形成できたことは、とても稀で、幸運なことだったと思います。それでも、柔道がホンジュラスにプラスの何かをもたらす可能性が私には光って見えたため、自信をもって進んできました。

ＪＩＣＡ職員は、基本的には事務所でアイデアの立案や企画を担うプロデューサーの役割を果たすことになりますが、ときにはプレイヤーとして現地に根差した活動に身を置くのもいいなと思いました。与えられた仕事をこなしている限りはＪＩＣＡ職員が現場に出てもいいと思いますし、そうすることで思いがけないアイデアや国際協力の楽しさに出会えます。私はそんな職員のひとりでありたいし、これからもそういう職員が増えればいいと思います。

最後に。プレイヤーとして現地で柔道を教えたり、共に戦ったりするなかで、国際協力の喜びをホンジュラス人たちから教えてもらった気がします。自分が日本で一生懸命に培ったものを途上国で教え、それに対し目を輝かせて興味を持ってもらえること、追いつこうと挑んでもらえることは、自分のこれまでの人生の頑張りを肯定してもらえたような気がして、とてもうれしい瞬間でした。これはおそらく、分野や職種を問わず、共通する国際協力の喜びなんだと思います。彼らがくれた国際協力の喜びに応えたい。私にとって、柔道でかかわる人たちは国際協力をするうえでの仲間であり、行き詰まったときに誰のために働くのかを思い出させてくれる助けたい対象であるとともに、国際協力の喜びを教えてくれた人たちです。

〈プロフィール〉
横尾　昂志（よこお・こうじ）。一九九六年生まれ、東京都江戸川区出身。中学一年生より今日まで柔道を継続。中央大学文学部教育学専攻卒、東京大学大学院新領域創成科学研究科国際協力学専攻卒。二〇二一年入構。中南米部にてボリビアの協力方針策定・案件形成を経験後、二〇二三年七月よりホンジュラス駐在。総務、環境案件担当。その他、柔道の普及や世界最大のカブトムシ、ヘラクレスオオカブトの採取に勤しむ。

〈参考文献〉

Annual number of deaths from homicide per 100,000 people, United Nations Office on Drugs and Crime, 2022.

ザンビア

15 結局、うまくいったわけではないけれど

#金融・財政政策　#デフォルト　#専門家の派遣

金田瑞希

のどかな国、ザンビア

ザンビアに対する私の印象は、「とりあえず、のどかな国」です。第二次世界大戦後、多くの血が流れる革命が繰り返されたイメージのあるアフリカですが、ザンビアは一九六四年の独立後、クーデターによる政権交代を経験していません。現地に行けば、豊饒《ほうじょう》な赤土とビクトリアの滝をはじめとする豊かな自然と高い空に囲まれる。プロジェクトの現地担当者が穏やかに微笑《ほほえ》みながら、「うんうん、そうだよね」と話を聞いてくれる。すぐ会議に遅れてくるのは考えものですが、その「アフリカンタイム」もご一興。のんびりした笑顔の奥で、この国をよくしたい、という秘めた炎を燃やしているのがザ

ンビアの人たちです。念願のアフリカ部に配属され、ザンビア担当になった私は、仕事をエンジョイしまくっていました。

とはいえ、これを読んでいるほとんどの方にとっては「ザンビアって、どこ?」という感じでしょうし、まったく異世界の話に思われるかもしれません。ただ、あなたの半径数メートル以内に、約一万三〇〇〇キロメートル離れた、アフリカ南部の国、ザンビアとつながるものがある、と言ったら驚かれるでしょうか。

答えは、お財布の中に入っている十円玉。そう、銅です。

ザンビアは世界有数の銅の生産国です。この資源に恵まれた環境が心のよりどころとなり、ザンビア人の「のどかさ」を作ってきたのではないかと思います。銅は、ザンビアの経済のみならず、政治や社会にも大きな影響を及ぼしてきました。

一九九〇年代末から二〇一一年まで、銅の国際価格が上昇した際には、ザンビアは年平均七%を超える経済成長率を達成してきました。けれども、二〇一一年以降、国際銅価格が急速に下がりはじめたことを受けて、ザンビア経済は一気に厳しくなり、ついに二〇一五年中ごろには、銅価格は、ザンビアの銅鉱山の平均採算ラインを割り込みまし

世界三大瀑布《ばくふ》のひとつ、ビクトリアの滝（歴史に残る雨不足で水が少なかった……残念）。

赤土にたたずむキリン。

た。輸出の七〇％を占める銅価格が下落したことにより、国際収支が悪化し、現地通貨安となるとともに、多くを輸入に頼っていた国内経済を直撃し、成長率は三％を切るとともに、二〇一六年にはインフレ率が二〇％を超え、国民の生活にも大きな打撃がありました。

銅の価格が高く、経済が潤っているときに他分野への投資も進めるべきなのでしょうが、銅がもうかっているときにはやはり鉱業部門に投資は集中してしまいます。そうなると、銅の価格が下がったときには、経済も投資も停滞し、なかなか他の産業で稼ぐ道を進むことができません。心のよりどころである銅産業が、国際情勢に左右されて、一気に首を絞めにかかってくるのです。このように、豊富な資源が他部門の成長を阻害してしまうことを、「資源の呪い」といいます。

そのような状況下において、当時の政権は、中国や民間市場からの借り入れを急速に拡大していきました。その多くは、各年の返済による負担を少なくするために少しずつ返済していく、という一般的なものではなく、「期限が来たら一気に返す」ことが求められている借り入れでした。銅の価格が下がり、外国通貨に比べてもザンビア通貨の価値が下がっていたタイミングにおいて、外国通貨、しかも一括で返済しなければならない借金は、ザンビア政府にとっての重荷となっていました。二〇一九年、私がザンビア担当として着任した際には、「ユーロ債（国外で発行される債券）償還ができず、ザンビアはデフォルトするだろう」という観測がすでに高まっていました。

借金を返せない、つまりデフォルトしてしまった国・デフォルトしそうな国に対しては、ＪＩＣＡ等のドナー（援助供与国）はお金を貸して、その国の成長に資する大規模な支援を行うことが難しくなります。途上国政府は、借金をきちんと返すために、国際通貨基金（ＩＭＦ）等の支援を受けて経済の立て直しを行うことが求められますが、その際には厳しい財政緊縮が行われることも多く、国民の生活にも大きな影響が及んだり、政情不安につながることが多いのです。

ザンビア政府から寄せられた難易度ＳＳＳのミッション

この状況を打開するために、ザンビア政府は日本に対し、「マクロ経済アドバイザー」の派遣を要請しました。ただ、この要請内容がクセモノで、要するに「財務大臣に対するマクロ経済全般のアドバイザー希望。ザンビア財務省に数年単位で腰を据えて、ついでに実務部隊にも実践的なアドバイスをしてほしい」との内容。頬が引きつりました。考えるまでもなく、

・財務大臣にアドバイスをするということは、かなりハイレベルな視点から助言ができる、政策議論全般に精通したアドバイザーが必要。
・「大臣に助言しながら、実務部隊にもアドバイスを」と言われても、ハイレベルの助言をできる人が、かならずしも実務に精通しているとは限らない。
・マクロ経済と一口に言っても、金融・財政等さまざまな分野が内包される。すべてに対応できる専門家がそもそも存在するのだろうか。
・そんなあらゆるスコープをカバーできるような人が、アフリカの（のどかで素晴らしい）田舎であるザンビアに数年単位で行ってくれるとは思えない。

胃が痛くなりました。はっきり言ってそんな人、知りません……。保健やインフラ等

に比して、債務や経済分野における協力がそれほど多くないＪＩＣＡにそんなに潤沢な人材プールがあるわけもありません（仮にそんな人がいたとしても、他のプロジェクトにとっくに取られているでしょう）。「本当に今、協力が必要な分野はどこなのか？」を解きほぐす必要がありました。

本当に必要なことは？

幅広い分野の途上国開発を手掛けるＪＩＣＡ職員は、採用の広報等において、さまざまな専門家や関係者をまとめる「プロデューサー」と表現されます。その中で、もっとも楽しくてもっとも大変なのが、「方向性を見出《みいだ》すこと」だと思います。

ザンビアにどんな支援を行うのか。その方向性を見出すにあたって、まずは自分で膨大な勉強をする必要がありました。他国の事例を含めて、債務危機時の対応を調べつつ、ＩＭＦや調査会社が出しているレポートを読み直し、ザンビアの現状を整理します。そして、この件に関して、他の国や国際機関がどのような協力を進めているかを調査。そのうえで、何が必要とされているのか、まだ実施されていない協力はなにかを洗いだしていきます。

余談ですが、ＪＩＣＡは人事異動のある組織なので、配属された部署や担当が自分自身の専門分野ではないこともあります。それでも、ＪＩＣＡ内外のリソースを活用して勉強し、その分野の専門家と議論できること、少なくとも自分の考えを述べ、会話ができるようになることがとても重要だと考えます。そのうえで、対象とする地域や国に関して理解を深めつつ、各分野の知識と掛けあわせていくことがＪＩＣＡ職員の付加価値になるのだと思います。ある分野の知見では専門家に敵《かな》わなくても、それを支援対象とする国・地域に当てはめて、さらに他の分野との関係も検討し、包括的にこれからの国としての姿を議論していくことで、ＪＩＣＡ職員としての役割が果たせるのだと思います。

このような思いのもと、ＪＩＣＡ内の、公共財政管理や財政・金融政策の専門家・専門部署からも多々助言を得つつ、このプロジェクトをどのように進めていくのがよいのかを議論しました。データや金融政策をみると、金融を司《つかさど》る中央銀行は比較的健全であるようでした。今必要なのは、目下の債務危機を乗り越えることのようです。このように方向性を定め、ザンビアの希望にあった「マクロ経済全般」ではなく、財政面に特化した支援を行う、以下の案が出ました。

・財務大臣への助言を行うハイレベルの専門家を短期で送る。
・中期債務計画の実務に特化した専門家を派遣する。
・実務レベルで、歳出の優先付けを助言する専門家を派遣する。
・多数のドナーが同分野に参入するなかで、財務省全体としてドナー協調を促進するための専門家を常駐させる。

これらのアイデアを、メールでザンビア財務省の担当者に送り、事務所からザンビア財務省に対面でも提案してもらったものの、ザンビア側は当初の要望内容から譲歩することなく、平行線。ＪＩＣＡ本部から、ザンビアに出張し、財務省と直接議論することになりました。

ザンビア政府とのすり合わせ

当時の上司と、一緒に頭を悩ませてくれていた金融・財政政策の専門員とともに、二〇一九年五月、私はザンビアの赤土に足を踏み下ろしました。

出張中はそれなりに忙しく、世界銀行やアフリカ開発銀行、IMFやアメリカ・ヨーロッパ等の二国間ドナーとの面会、債務関係のドナーグループの開催、中央銀行、民間金融機関や省庁でのヒアリングに東奔西走し、朝夕には出張メンバーで集まり、その日の面会等の結果をふまえて、現状認識を修正していくとともに、ああでもない、こうでもないと落としどころを探すための議論をしました。それにしても、ヒアリングや面会の相手は、皆顔をしかめて深刻そうに語っているのに、町を歩いていると、相変わらずのどかで、「デフォルトしそうなんて信じられないな」と不思議な気持ちになりました。

出張の最終日、幾度かの日程再調整を経たうえで、一時間程度遅刻した財務大臣との面会が行われました。

日程が確定するまでには、(いつもの「アフリカンタイム」もあるのでしょうが)「大統領に呼ばれた」「ハイレベルのミーティングが急遽《きゅうきょ》入った」等、財務省の担当者も困ったような顔で事情を伝えてきていました。はじめて生で見た財務大臣は、写真で見たよりも心なしか疲れているようにみえます。

挨拶もそこそこに「何でもできる万能なアドバイザーが欲しい」という主張を述べだした財務大臣に対して、上司は、少し考えるように一息おいたうえで、

「このような状況下において、リーダーシップを執られている大臣に対して、心からの敬意を表します。JICAとして、日本として、一緒にこの国が危機から脱するために、協力したいと思っています。

それでも、要望いただいたような人材を出します、と約束することは困難です。これは、本当に実のある協力にしたい、という気持ちです。だからこそ、ここまで来て、あなたと、あなたの同僚たちと真に必要なことは何かを議論したいのです」

と、言葉を選びながら言いました。

この言葉を皮切りに、現状のザンビア経済の認識を互いにすり合わせつつ、どの分野に支援が必要なのかを議論していきました。そこで財務大臣から出てきたのは、「やってほしいことはたくさんあるが、我々もどこから手を付けていいのか、困っているん

だ」という言葉です。これを受けて、ハイレベルでマクロ経済全体を見ることができる専門家を短期で派遣し、その結果を受けて二回目以降の派遣方法を検討する、ということになりました。

当たって砕けて人の温かさに触れる

ザンビア出張を終えて「とりあえず短期でもいいから、マクロ経済全体を俯瞰《ふかん》することができて、ザンビアに行ってくれる人を探す」という、難易度ＳＳＳからＳくらいに下がったミッションが手元に残りました。

引き続き専門員に相談に乗ってもらったり、なんだかくわしそうな人を捕まえて話を聞かせてもらったり、ネットで調べたりした結果、実際にはこの人は相手にしてくれないだろうなぁという人も含めて、一八人ほどの候補者リストができました。とはいえ、残念ながらリストアップされた方々の中に、ほとんど知り合いはいません。当たって砕けたってなにも失うものはない、という気持ちでインターネットの問い合わせ窓口や公開メールアドレスに「突然のご連絡失礼いたします」から始まるメールを送付しまくり、ひやひやしながら返事を待ちました。もし誰かが話を聞いてくれる場合に備えて、今までの経緯やザンビア経済にかかわる資料もまとめました。

嬉《うれ》しい驚きながら、ほとんどの方がメールを返してくれて、多くの方が快く時間を取って話を聞いてくれました。詳細を説明すると「財務大臣にアドバイスをするのは荷が重い」と断られることが続きましたが、それでも、追って「知り合いの△△先生はどうでしょうか?」「学会で聞いてみたら、○○先生が関心を示していましたよ」等、お渡しした資料を使ってアドバイザー探しに協力してくださる方もたくさんいました。若手時代によく言われる「誠実に対応すれば相手も協力してくれる」、というのは迷信じゃなかったんだな、と妙に感心してしまいました。

もう一度ザンビアへ

そんな協力を受けながらも、なかなか人は決まりません。ザンビア財務省の担当者からは、日本に帰ってからも「人は決まりそうか」、という趣旨の督促を、SMSを通じてたびたび受けていました。彼の困り顔が目に浮かびます。

もはや何人に振られた後だったでしょうか、当時慶應義塾大学《けいおうぎじゅくだいがく》に所属されていた、マクロ経済・金融政策の専門家の白井《しらい》さゆり先生が、説明に行った際に、「面白そうじゃない。やるわ」とその場で決断してくださいました。

「よかった。ザンビアのために、やっと次の一歩が踏み出せる！」という気持ちで胸がいっぱいになりました。やっとあの困り顔の担当者に良い報告ができる！　とも思いました。

こうして二〇一九年八月、横浜で第七回アフリカ開発会議が開催されている裏で、マクロ経済アドバイザーの第一回派遣が行われました。

私は、白井先生とともに、ふたたびザンビアの地に降り立ちました。行きすがら、先生が、ノートにびっしりと手書きで書き込まれた直近二〇年分のザンビアのマクロ経済指標を見ながら、さらに書き込みをされていた姿が今でも思い起こされます。

白井先生の渡航後、第一回渡航のなかで議論されたマクロ経済構造および問題点をふまえて、次の専門家の派遣分野の検討、専門家探しを行っていましたが、道半ばで人事異動があり、次の一手を決める前に、後ろ髪を引かれながら担当を外れることが決まりました。

ザンビアは結局、二〇二〇年一一月一三日、アフリカ初のコロナ禍におけるデフォルトを引き起こしました。借金の利払いを履行できなかったのです。

債務不履行に陥って以降、現地通貨もみるみる減価し、事務所からは輸入品のみならず、卵等の生活必需品も大幅な値上げが行われている、との情報が入りました。ザンビアで実施中のプロジェクトにかかわる他課からの多くの問い合わせを前に途方に暮れていたら、ＪＩＣＡに対してもザンビアが借りていた資金の返済を止める、という情報が入ってきました。

デフォルトによる余波を避けられなかったという事実を前に、どっと疲れが襲ってきたことを覚えています。

結局、うまくいったわけではないけれど

新型コロナの流行で世界的に経済が停滞し、ザンビアのみならず、続けてガーナ、スリランカがデフォルトに陥りました。

二〇二〇年四月、G20は最貧国の公的債務返済を一時的に停止する「債務支払猶予イニシアチブ（DSSI）」を開始し、同一一月には最貧国による債務の再編に対応するための「共通枠組み」を導入しました。ザンビアの「共通枠組み」に関する交渉は、対外債務約九〇〇〇億円を再編するかたちで、二〇二三年六月に初の救済策として合意に至りました。二〇二二年からIMFプログラムを実施し、財政再建に向けた取り組みを進めてはいるものの、二〇二四年七月時点の債務持続可能性評価（DSA）は相変わらず「in debt distress（すでに債務返済に支障をきたしている状態）」です。

今でも、ザンビア以外にも、アフリカ地域を中心に、過剰債務リスクを抱える国が数多くあります。一ドナーにできることなんて限られているよな、と意気消沈する日がないというと嘘《うそ》にはなりますが、それでも、ザンビアの財務省担当者にSMSで異動の旨を伝えたところ、「ザンビアをよくするために最大限の努力をしてくれて、一緒に考えてくれてありがとう」とメッセージがきたのを思いだすと、少なくとも、想《おも》いを共有して、途上国の人たちと同じ方向を向くことはあきらめないで、せめて目の前のことを頑張ろうと思えるのです。

〈プロフィール〉

金田 瑞希（かねだ・みずき）。一九九三年生まれ、千葉県出身。大学で経済学を学び、二〇一七年入構。純ジャパ・留学経験なしで英語での業務に大苦戦しつつも、インド事務所、審査部信用力審査課（当時）でマクロ経済分析の経験を積み、二〇一九年よりアフリカ部にて、ザンビア関係業務全般に携わる。その後、財務省にて世界銀行等国際開発金融機関の担当として勤務し、現在はＪＩＣＡケニア事務所にて、水・廃棄物分野等の案件形成・監理を担当。

おわりに――人と協力する国際協力の世界へ

あなたが望む変化に、あなた自身がなりなさい。
――Be the change that you wish to see in the world.

インド独立の父ガンジーは、こう伝えたといわれます。広く知られているこの言葉は、実際のメッセージが意訳されたもののようですが、ガンジーの信念や生き様を象徴する表現だと思います。

この本に書かれているのは、JICA職員がそれぞれの国際協力の現場で、まさに自ら望む変化になろうとした物語だったのではないかと考えています。それぞれに、協力する相手がいて、理解もあればトラブルもありました。そこには、JICA職員の、それぞれの小さな一歩や工夫の積み重ね、困難や葛藤、粘り強く地道な試行錯誤がありました。これこそが、国際協力の仕事の実像だといえるでしょう。

世の中にはたくさんの仕事があります。そのなかで「世界のために」「社会のために」という仕事は、「使命感が強い」「一部の限られた人」がやるものなのでしょうか。私はそうは思いません。公共であれ民間であれ、仕組みを考えつくる仕事も直接人と関わる仕事も、「働く」ことには必ず「誰かのために」が存在し、「世界のために」につながる役割を分担しているのではないかと思います。

今回は、そのなかでも、国際協力を担うＪＩＣＡ職員の姿についてご紹介する機会をいただきました。登場したのは、みなさんと同じように、夢や憧れがあったり、得意・不得意があったり、スポーツや音楽・ダンス、旅行や読書が好きだったり、インスタを見たり。そしてまだまだ悩み、挑戦を続ける、個性を持った人たちです。

この本を読んでくださったすべての人が直接的に国際協力にかかわるわけではないかもしれません。それでも、国際協力を舞台とした、地道で小さな物語に触れることで、「国際協力の仕事が少し身近に感じられたような気がする」「国際協力を応援してみよう」と思ってもらえたとすると、こんなにうれしいことはありません。

国際協力の仕事について、「もしかすると自分にもできるかもしれない」「やってみたい」と思った方へ。これまで見てきたように、国際協力の仕事は「人と協力すること」に満ちあふれています。協力する相手はさまざまです。だからこそ、国際協力に携わる人も十人十色、いや百人百色です。必ずしも答えが出ない、解決できないことのほうが多いかもしれません。それでも、「ともにある」こと自体が感謝されるときもあります。みなさんがこれまでの人生で感じたこと、経験してきたこと、得意なこと、情熱を燃やすこと、それぞれの動機、それぞれの個性を、伸びやかに、豊かに、最大限に発揮してほしい。それが、「縦の糸」と「横の糸」からなるこの世界の未来を鮮やかに織りなしていくと信じています。

「私にはできないかもしれない」の反対にある、「私だからこそできることがある」と思えるきっかけに出会うことが、国際協力に踏み出す十分に確かな一歩です。

本書の完成にあたって、企画・編集をしていただいた筑摩書房の藤岡美玲さんに感謝を伝えたいと思います。表現のスタイルもテキストもさまざまなＪＩＣＡ職員でしたが、個性が重なりあう質感のある作品として、この本を編んでいただきました。

また、本書が、日頃から国際協力に袂《たもと》を連ねて携わり、さまざまな立場から牽引《けんいん》される皆さま、今この瞬間も開発途上国の最前線で汗を流されている関係者の皆さまへの感謝と敬意の表れとなっていればうれしいです。


大海の一滴。大河の一滴。

ときに優しく、ときに荒々しく揺らめく水面に落ちる一滴が、静かに輪となって広がっていく。

果てしなく大きな世界を前にして、それは小さなきっかけにすぎないかもしれない。

それでもなお、いやだからこそ、恐れず勇気をもって、自らその一滴となる。

まだ見ぬ誰かとの、もう少し先の未来との、「つながり」の輪が生まれることを信じて。

一年目に繰り返し訪れた活気あふれるガンジス川、コロナ禍の駐在生活を過ごした悠久のナイル川を思い起こしながら、荒川の朝日を眺める自宅を出て、静かに、でも確かに、今日もオフィスに向かいたいと思います。

大河原《おおかわら》　誠也《せいや》

ちくまプリマー新書

295 平和をつくるを仕事にする　鬼丸昌也

ウガンダやコンゴでの子ども兵への社会復帰支援などを資金ゼロ、人脈ゼロから始めたNGO代表が語る、今世界で起きていること。そして私たちにもできること。

354 公務員という仕事　村木厚子

時に不祥事やミスなどから批判の対象になる公務員だが、地道に社会を支えつつ同時に変化を促す素晴らしい仕事だ。豊富な経験を元に、その醍醐味を伝える。

361 子どもを守る仕事　佐藤優　遠藤久江　池上和子

いま、児童福祉の仕事が見なおされています。保育士、教員、里親、児童養護施設職員――。本書では、子どもの命と生活を守る職業の魅力と働き方を考えます。

310 国境なき助産師が行く　――難民救助の活動から見えてきたこと　小島毬奈

貧困、病気、教育の不足、女性の地位の低さ、レイプなど、難民の現実は厳しい！　でも、また救助に行きたくなる不思議な魅力がある。日本と世界の見方が変わる。

192 ソーシャルワーカーという仕事　宮本節子

ソーシャルワーカーってなにをしているの？　70年代から第一線で活躍してきたパイオニアが、自らの経験を迫力いっぱいで語り「人を助ける仕事」の醍醐味を伝授。

ちくまプリマー新書

244
ふるさとを元気にする仕事
山崎亮
さびれる商店街、荒廃する里山、失われるつながり。転換期にあるふるさとを元気にするために、できることはなにか。「ふるさとの担い手」に贈る再生のヒント。

461
マンガでたのしく！　国会議員という仕事
赤松健
マンガ家から国会議員に転身して二年。議員の働き方や法律ができる過程など、政治の世界に飛び込んではじめてわかったことをマンガ「国会にっき」とともに解説！

143
国際貢献のウソ
伊勢﨑賢治
国際NGO・国連・政府を30年渡り歩いて痛感した「国際貢献」の美名のもとのウソやデタラメとは。思い込みを解いて現実を知り、国際情勢を判断する力をつけよう。

239
地図で読む「国際関係」入門
眞淳平
近年大きな転換期を迎えていると言われる国際関係。その歴史的背景や今後のテーマについて、地図をはじめ豊富な資料を使い読み解く。国際情勢が2時間でわかる。

366
紛争解決ってなんだろう
篠田英朗
世界で紛争はどのように解決されているのか。英米の大学で体系的に教えられている「紛争解決論」の世界水準の議論を、気鋭の国際政治学者がわかりやすく伝える。

ちくまプリマー新書

475
はじめての戦争と平和
鶴岡路人
話し合いができれば戦争は起きないはずだ。軍隊がなければ平和になる。本当にそうでしょうか？　国際関係の読みとき方を知り、これからの安全保障を考えます。

256
国家を考えてみよう
橋本治
国家は国民のものなのに、考えるのは難しい。日本の国の歴史をたどりつつ、考えることを難しくしている理由を探る。考え学び続けることの大切さを伝える。

386
「日本」ってどんな国？
——国際比較データで社会が見えてくる
本田由紀
家族、ジェンダー、学校、友人、経済・仕事、政治・社会運動について世界各国のデータと比較し、日本がどんな国か考えてみよう。今までの「普通」が変わるかも⁉

436
ランキングマップ世界地理
——統計を地図にしてみよう
伊藤智章
人口はまだ増える？　自然環境は大丈夫？　ランキングと地図で可視化すると、これまでと違った世界がみえてくる。トリビアな話題から深刻な問題まで総ざらい。

413
ＳＤＧｓは地理で学べ
宇野仙
地球的課題を身近な将来の出来事として捉え、ひとりひとりが社会問題の解決や持続可能な開発に主体的に貢献するために、まずは知ることから始めよう。

ちくまプリマー新書

412
君は君の人生の主役になれ
鳥羽和久
管理社会で「普通」になる方法を耳打ちする大人の中で育ち、安心を求めるばかりのあなたは自分独特の生き方を失っている。そんな子供と大人が生き直すための本。

453
人生のレールを外れる衝動のみつけかた
谷川嘉浩
「将来の夢」「やりたいこと」を聞かれたとき、なんとなくやり過ごしていませんか？　自分を忘れるほど夢中になれる「なにか」を探すための道標がここにある。

304
あなただけの人生をどう生きるか
――若い人たちに遺した言葉
渡辺和子
数々のベストセラーを世に贈った修道女にして、伝説の教育者。大学学長時代、入学・卒業式で学生たちに語った魂を揺さぶる言葉を精選した新篇名講演集。

197
キャリア教育のウソ
児美川孝一郎
この十年余りで急速に広まったキャリア教育。でも、正社員になればＯＫ？　やりたいこと至上主義のワナとは？　振り回されずに自らの進路を描く方法、教えます。

303
先生は教えてくれない就活のトリセツ
田中研之輔
内定が出る人には理由がある。会ってみたくなるＥＳ、インターンの有効活用法、人事担当者がどこをみているかなど、成功するためのメソッドを伝授する。

chikuma primer shinsho

ちくまプリマー新書483

国際協力《こくさいきょうりょく》ってなんだ？　つながりを創《つく》るＪＩＣＡ《ジャイカ》職員《しょくいん》の仕事《しごと》

二〇二五年二月十日　初版第一刷発行

編者　大河原誠也（おおかわら・せいや）

装幀　クラフト・エヴィング商會

発行者　増田健史

発行所　株式会社筑摩書房
東京都台東区蔵前二－五－三　〒一一一－八七五五
電話番号　〇三－五六八七－二六〇一（代表）

印刷・製本　株式会社精興社

ISBN978-4-480-68510-0 C0231　Printed in Japan